活得精緻

再來談自我價值！

睡眠少於 8 小時、
身體長期「亞健康」、
長期伏案併發症……

胡彧 編著

要把生活過得好，
不要只是「生存」就好！

EXQUISITE
LIFE

除了工作還是工作，忙碌奔波無法好好享受「有質感的生活」？
在讓自己過得更好之前，不能先為了「生存」而讓生活一團糟！

有效情緒管理術 × 內在精神探求 × 自我管理規畫
從忙亂無章、高壓緊迫的灰色生活中出走！

目錄

CONTENTS

第三章 責任：對待職業的忠誠

第四章　進修：適應不斷變化的現實

第五章　潮流：完善主流人生

CONTENTS

第八章 創業：在跳躍中實現自我

第九章 健康：時刻保持生命的警惕

CONTENTS

CONTENTS

引言：站在通往真空的門口

　　黑格爾說序跋一類的文字還是有必要的，因為總要對自己的思考加以理清統整，以便能構成某種邏輯。於是就在畫句號的時候簡單說幾句，以表明自己對時尚智慧的態度，似乎也是對文字的一種負責的方式。我是一個願意嘗試各種體驗的人，被朋友認為是頭上長了觸角，總能敏感地做出反應。這是一種誇張的說法，但體驗能讓人更透澈地了解周遭的狀態，卻也是個不爭的事實。這經常得到質疑，一個在讀研究生擔任期刊特約文字記者，還為一檔電視節目做責任編輯，並在出版企劃行列發出自己的聲音，似乎不太可能。然而在當今自由的社會，一切結果都要經過市場加以客觀的認證。

　　我生活在逐漸邁入世界視線的城市，這裡生活著很多不從事純粹體力工作的人，他們都被稱之為白領。值得關心的是，他們在有意無意地確立屬於自己的生活格調和方式，並且不斷地超越自己。他們遵守生活的規則，時刻透露出某種教養，確定衡量個人價值和成功、發展的尺規。由於接觸了很多白領，讓我有機會面對他們的思考，了解他們的困惑，甚至感受他們的煩悶，儘管他們都生活在幸福之中，但是，得到一些的同時往往

PREFACE

意味著另一些的失去。也正因為這樣，他們才是真實的自己，因為他們不做作不虛偽不荒唐。更何況，他們力求自己接近世界潮流，找到時尚生活的切入點。

而在社會學意義上講，社會能否經受得住衝擊，取決於中間階層的穩定程度。白領是低收入者和富豪之間的緩衝帶，他們迫切地渴望與以往的生活拉開距離，並透過創業嘗試逐漸設定未來的富裕目標。他們的發展是積極的，且已經被大眾所認可，如今的他們正在做不斷完善自我的努力。在我所兼職的公司，充斥著正處於不同發展階段的白領，應該說其中絕大多數人都是寬容的。至少在提升自我的同時，不妨礙別人的追求發展，為數不多的裝腔作勢的人在職場的位置也逐漸變得模糊。這或多或少表明了社會的進步，也在印證著多元時代的真實，可見白領發展的環境、契機和狀態正趨成熟。

出版界的聲音似乎也變得越來越多元，如今的圖書市場上充斥著各種新潮的觀點，有的還做出追趕時尚的嘗試。這種的努力無疑都是失敗的，因為時尚是一條熱情流淌的河，誰也跟不上她的流速。否則，我們所品讀到的就只能是一些時尚的語詞，作為歷史的音符，告訴我們曾經的存在。事實上我們已經經歷甚至參與過語詞

的變遷，而且還沒到懷舊的年齡，在務實的奔跑中應該向前看。如果要賦予時尚更多的意義，似乎就應該從資本、智慧和潛力的角度加以探討，從而找到某種有價值的規律，當然，這也只是一己的看法。

PREFACE

第一章

獨立：白領的成熟創意

每個白領都有糖吃

　　為什麼做白領？答案非常簡單：因為每個白領都有糖吃。想讓日子過得更甜蜜，心靈更加充實，從而尋找到生活的意義，似乎可以選擇做白領。而白領要想得到糖，就必須使自己不斷成熟優秀，起碼要富有靈活性和創造性，還應具備想像、說服、交流、學習、組織、技術、計算、交際等能力。

　　能力對於白領至關重要。借助這些能力，白領可以搜集到廣泛的資訊，並借鑑其中的思維方式和視角引導自身的發展。表達思想理念，從而得到同事和客戶的支援和理解，這樣可以少走彎路。此外，在未來快節奏的職場生涯中，要聽得清楚、看得仔細、說得明白、做得完善，這樣，就可以從容地調撥財力物力，設置工作流程，極大的發揮自身的專業特長。

　　白領每天要接觸到很多例行性重複性工作，這就需要具備數位能力。白領必須採用簡化和授權方式，設計出最有效的流程和表格，將工作適當地分配給其他同事或助理。從而保證業務每天之間的銜接通暢，以及部門之間的配合順利。如果還能提醒自己進修，在知識經濟時代，不斷豐富自己的內涵，每個白領都會有糖吃。

　　有兩種假設可以幫助一個人成為白領：總是可以找到更好的方法來做事情；要經常對重複性的工作保持懷疑的態度，

並力圖改進提升。這兩種假設都是實際的，都可以塑造白領。因為人們一旦這樣思考問題，就會非常自然地改變工作習慣。以往沉浸在眾多媒體中的閱讀方式將得到改變，目光凝聚在重點新聞上，以節省時間；以往無須親自領取的物品，可以由他人運送；不會把事情長久地拖著，或者把事情做到毫無改觀的餘地；彈性地執行自己的計畫。長此以往，就形成了白領工作態度，自然就可以在各種辦公大樓得到糖吃。

性格決定命運。不同的性格決定著你將置身何種職場。如果科學地定位職業，大致可以看到技術、管理、創造、自由、安全等類型。樂於在自己所處的專業領域縱深發展，不奢望從事管理工作的人走的是技術型道路；有成熟的分析、判斷、社交能力和情緒控制能力的人自然願意承擔管理的重擔；追求完美的人往往把創造力當作自己區別於其他人的重要因素；甚至更喜歡做「獨行俠」的人大都從事著自由職業，比如自由撰稿人、獨立經理人、媒體企劃人等；至於深陷傳統工作精神而不能自拔的人當然看重安定的工作和客觀的收入、由於的福利甚至養老制度等。只要在某種職場上做出成績，就意味著一種成功。遇到好的機遇，就不會眼睜睜地看著它溜走，白領生涯逐漸開始起步。

其實，機會天天來敲門。生存是一種使命，人類為更高級的生存走向生活，是一種偉大的使命。這要求白領頑強地

奮鬥，果斷地把握機遇，證明自己的價值。要知道，儘管機會無限，但是，機遇不是天上的餡餅，每個環節都充滿理由。一個人成功地獲得了成為白領的契機，自然因為他們堅忍不拔、願意冒險、有著強大的信念和高遠的人生目標。他們懂得時間的可貴，不放棄生活任何的細節，辛勤地工作，謹慎地進取，逐漸就能夠未雨綢繆，微笑地面對人生，把對手遠遠地落在後面，從而獲得了人生的「糖」。

發掘潛在的「白領」

只要具備了一定素養，誰都可以成為白領。一個基本的事實是，不相信自己能夠成為成熟的白領，懷疑自己的能力和見解，就會使得藍領生涯更加漫長。殊不知，有毅力和創造精神的人都善於發掘自身潛在的能量，繼而提升能量的指數，獲得事業的成功。因此，我們應該不斷發掘潛在的「白領」，其實，只要你用心總結過去，並在實踐中加以錘鍊，就一定能夠獲得未來。

初到工作職位的白領大都感到陌生。除了懶散者之外，這時候，很多人都開始了解公司的組織規劃，盡快豐富自己的經驗，在工作中從不拖沓，也不與同事在八小時之內閒聊，他們已經初步具備了白領素養。但遺憾的是，大多數人都不承認有能力做白領了，他們往往在猶豫、遲疑中耽誤自

己。殊不知，要想遠離平庸，在人生舞臺上扮演重要角色，必須勇於成為優秀的人，除非你甘願碌碌無為。而非白領成為白領，也只是肯定自身的白領素養，克服原有的缺欠，在職場上不間斷努力的結果。

更好地發掘自身的潛能，必須確立適當的目標，提升工作的效率，確定自己的效率模式，總結出效率週期，以提升做事的能力。否則，當你應該在十字路口向南走時，卻因為看到北方的大街上熱鬧非凡，盲目地改變了人生軌跡，即使回頭，也只能得到事倍功半的效果。提升自己的能力，應該對自己的現狀加以必要的監測。在寂靜的時刻，不妨問問自己，目前，到底想改變生活中那些事物，想保持哪些生活方式，是否滿足自己的收入，工作時間有沒有彈性。到底想不想進步，是真想還是假想？是實踐多一點還是空想多一點？這樣，關於自己的很多問題就會逐漸變得清晰起來，白日夢變成扎實的腳步。你就會有效地利用智慧的尖峰期，創造性地思考，並按期完成工作計畫。

白領必須適應工作環境。為此，他們及時進行心理轉換，改變原有的慣性行為，提升交際活動的價值，並逐漸樹立自身在職場上的特色。他們絕對不只為薪水而工作。白領工作的心態，直接決定他的未來。凡事拖延、模糊的重複工作、以次充好等看似聰明的舉動最終都以失敗收場。其實，

在職場上真正聰明的白領都是「傻子」，而且，生活不斷地證明，也只有「傻子」才能夠一帆風順。這是白領發掘自身潛力的前提。失去這個前提，很多事情都會突然急轉直下，很多人沒有成為白領，大都是因為不具備這個前提，自身的能力就很難及時地得到提升。走上白領道路的人都很清楚，世界上最卑微的人，就是單純為薪水工作的人。

可見，發掘潛力的過程實質上也是建立品行人格的過程。才能與雄心的實現只有得到社會承認才有意義。依靠個人不懈的努力，與他人來往溝通由陌生到熟悉、由不融洽到默契的能力培養，都是在磨合中完成的。「除非你執著地探尋這個世界上的不可能之事，否則即使可能的事情也無法做到」。白領必須在對高尚的追求中做正直公平的事情，這樣，就會朝著目標全力以赴，成為白領也就不再是遙不可及的夢想，因為潛力已經膨脹了。其實，所謂潛力也就是有待發掘的成功，成功也就是發掘之後的潛力而已。

握緊萬能鑰匙

時間是一枚萬能鑰匙。因為時間幾乎可以改變一切。當普通人還意識不到時間的重要時，白領已經完成了周密的計畫，力圖以最高的效率為自己贏得盡可能多的時間。為此，他們大都將工作分成若干小單位，優先解決令自己感到困擾

的工作，甚至給自己設置一些壓力。要知道，雜亂無章的生活會極大地浪費生命。

萬能鑰匙如同隱身人，一般都不為人所察覺，這樣，就製造了「白首悔恨蹉跎人生」的悲劇。如果每天清理掉不必要的東西，及時處理堆積起來的文書，永不停止前進的腳步，並在早晨做簡報，運用周圍的力量，完全可能在短時間內得到滿意的結果。把握時間不是一句空話。只要你善於利用時間，自然能在忙亂的一天之後，為自己留得進修的時間，從而在知識儲備上超過他人。為此，我們要積極地對待時間。事實證明，只有不斷充實自己的人，才能夠緊緊跟上時代的腳步，在未來的日子持續進步。

特別值得注意的是，白領每天上班要盡量早一點，即使公司對出勤方面沒什麼特別要求，也絕不能隨便放鬆自己。其實，每個職員的一言一行，都逃不過主管的眼睛，再者說，同事之間還互相監督呢。而且，上班的時候不要總是看時間，讓人覺得你剛上班就盼著下班，這證明你不喜歡眼前的工作，並隨時準備跳槽。更不能在工作的時候聊天，影響自己也影響他人。這是對自己也是對公司的不負責。這一類行為都表明你對這門工作沒有熱情，難以為公司的整體利益全力以赴，當然無法得到主管的青睞。

現代生活給我們帶來快樂便捷的同時，也給我們帶來了

很多的煩惱。很多白領都在憂鬱中浪費了很多時間。緊張的工作過後，困擾我們的往往是一種難以名狀的憂慮，每個人甚至都不知道在憂慮著什麼，但是，卻很難擺脫這種情緒，時間就在這種憂慮中溜走了。其實，只要你把自己的時間安排得滿滿的，往往能夠忘記憂慮，從而在別人苦惱的時候，握緊自己的萬能鑰匙，開啟生命的鎖。真正擺脫憂慮的人注定會贏得美麗的人生。這樣，工作不僅是謀生的方法，也成為了生活的需要。

科技的發達可以為白領節省很多時間，而且可以擺脫時差的影響。置身知識經濟時代，網盲很難適應其工作，因為忽略現代方法的工作效率是很可憐的。網路的現代通訊方式可以擺脫人際的困擾。省略了很多不必要的繁冗。甚至能夠使人的心靈得到慰藉，賦予終極關懷的意義。就其傳播功能而言，現代化工具能提升工作品質。有時候，這種方式節省下來的時間是驚人的。因為它可以避免個人的中斷，來自主管、部署、同事以及外來訪問者的打擾等。

當網路沒有盛行的時候，電話和信件非常耗時，數位時代，網路帶來的生活改變和當時電話帶來的方便有過之而無不及，因此，白領和網盲間風馬牛不相及。此外，白領還應該精通智慧型手機、商業軟體，實實在在地說，絕大多數白領都沒有把通訊工具的功能運用到極致。試想，真正運用到

極致，不僅能夠提升個人的工作效率，而且，整個社會的生產力和發展水準都會得到提升。

擺脫致命的自負

當人類走出自然經濟，必然會遇到很多不能獨自完成的事情，合作就變得越來越重要。值得注意的事，合作並不影響獨立品味，反而更能提升獨立的成功率。一味地拒絕合作，是一種致命的自負。他們的「不如流俗」似乎很有幾分矯情的味道，面對和自己有著相似的學歷卻更富工作經驗的競爭對手，如果不重視溝通，很可能走向自己所希望的反面。其實，剛做白領時不妨換位思考，假想自己是用人主管，攤開自己的履歷表，看看選擇自己對公司意味什麼？

特別是當萬事都順意，得到老闆重用的你感覺成功之門開啟的時候，一定要清楚是否有不合作的因素給自己的發展設置障礙。必要時應該對自己加以檢視，比如說對於一般職員，是否給予應有的尊重和禮貌？平日是否對其指手畫腳？辦公室職員雖然權力不太，跟你也沒有直接關係，但是，他們的影響無處不在。他們的辦公室的閱歷往往能左右你的工作效率，影響你的業績和升遷。在數位化生存時代，財務人員已經逐漸走入參與決策的權力核心，他們無處不在，甚至影響老闆的決策，至於說對祕書就更不能隨意胡言亂語了。

　　白領與同事之間一定要保持必要的平和，就是對電腦管理員也要注意講禮貌，因為資訊時代的資訊就是公司的資本和生命。電腦管理員掌握著公司的機密資料，他們稍不留神，就可能使你的資料不翼而飛。而對其他部門的共事的夥伴，也要通力合作，任何環節的耽擱都會影響實績。經營職場很能考驗人，懂得自我管理，自然會深受主管賞識，並成為辦公室最有人緣的人。而公私不分、不知感謝、因小失大、善妒嫉、製造是非派系，損害公司名譽、負面思考、放棄進修和渲染不良風氣的白領注定出局。

　　而初涉世事的白領女孩千萬不能夠過於嬌滴滴，不顧及別人的情趣，大肆地講述自己的私事有時也令人反感。比如說跟客戶吃飯時，不厭其煩地談論男朋友對自己的呵護，一定會令人頭痛。對方要打斷你不禮貌，不打斷又實在難以容忍你談一些與自己無關的事情，於是只能下次不邀你。你也就錯過了更好的合作機會，此外，合作時代的公私分明很重要，利用加班時間偷打私人電話；把公司的報刊帶回家；用公司的紙張列印私人資料……一旦讓人發現，難免感到尷尬。

　　遇上朋友或客戶來訪，不能營造辦公室的「群體無意識」，比如說朋友一來就敬菸，為了給對方面子，還勸阻不要去吸菸區，結果把辦公室弄得烏煙瘴氣。不自覺的說髒話

也會影響合作的關係，因為這種放縱往往是為有素質的人所不齒的，白領一旦穿梭在不同的職場，就更要注意合作規則。來往中應有一定的工作禮儀，在工作中出現錯誤時，應主動反省並自我精進。工作要表裡如一，因為合作要講求長期，投機取巧從來都沒有好結果。解決了上述問題，白領的獨立才有積極的意義，自身的努力才不是在搭建空中樓閣。

職場的守望者

藍領大都羨慕白領階層的高薪，但是，往往忽略了其投入的工作量可能是自己的幾倍，白領有時純屬給自己找工作。一天工作兩個八小時，根本不值得驚奇，當別人瀟灑地享受生活的時候，白領叫上一份速食，喝上一杯咖啡，開始八小時之後的工作。他們是在享受奮鬥，如果按時下班，工作思路就可能中斷，她們都熟悉「東方露出了魚肚白」的感覺。一般意義上講，白天的職場生涯涉及事務性工作，白領要聯絡客戶、調研市場、組織會議、溝通媒體、協調工作進度……夜晚的職場生涯是搜集資料、分析市場、制定工作計畫、統整談判細節、回覆電子郵件……休閒簡直都成了不可能的事。

白領的夜晚工作其實有很多理由，因為沒有噪音和他人的影響，可以集中精力度過黃金時段。這時候的創意的內容

也比白天高，而在這個時候給對方發個電子郵件，也不會影響對方的休息。在「先下手為強」、「快魚吃慢魚」的時代，今天的事情等到明天去做是極其愚蠢的，在白領的字典裡，「夜不能寐」是因工作而不能睡，這個詞在這裡與失眠沒關係。不辭辛勞的白領在職場做守望者，遇到好的機遇，他們會經常跳來跳去。為此，他們憧憬自己能成為一匹「睡眠駱駝」，在週末或節日假日儲存好睡眠的基因，解決工作期間睡眠不足的問題。

當然，這種打破常規「生理時鐘」的嘗試也可能為一些白領所適應，他們甚至還能利用旅途來儲備睡眠。坐飛機、高鐵、火車，甚至搭計程車、坐捷運時，都可以打個盹。此後，就是用大量咖啡來刺激大腦皮層（cerebral cortex），促進思維盡快進入狀態。職場上較仰慕有才華的人，他們無論走到哪裡都會發射出奇異奪目的光彩，如果他們不恃才傲物好高騖遠墨守成規，就一定能夠贏得未來。其實，他們之所以能有才華，除了天分之外，更多的在於他的努力。這種努力往往意味著一種代價，更何況，有時候白領付出的與得到的還並不十分成比例。

白領的兼職是其對職場守望的最好注解，在大都市工作的白領都忙著做斜槓兼職，他們除了滿足財富的願望外，更多地渴望興趣和人生體驗上的滿足。沒有足夠的精力和把

握，白領的兼職就會遇紅燈，辛苦、奔波而又無所得。如果擁有豐富的學識、旺盛的精力，以及寬鬆的工作環境和自由支配的時間，簡直對於白領而言，似乎就成了一種必然。當今時代，「人怕入錯行」已經不再令人苦惱，因為多元的選擇本身就是避免遺憾的。對於職業和愛好分割的痛苦，完全可以在兼職意義上，完成對人生的一種補償。

對愛好與事業的雙贏，構成了白領在職場守望的最初衝動，而一旦守望得出結果，就要精確地完成職業的定位，設定切實可行的目標。因為白領的職業恐慌症和年齡恐慌症非常強烈，由於精力和知識的長期透支，迫使他們更好地將精力凝聚在一個平臺上。這樣，他們對於壓力的承受，才有了更實際的價值。特別是由於其走在了同儕的前面，就注定是無法後退的人，要在社會中生存，他們就得不斷提升自我，不斷的嘗試新的開端。而一旦完成這種守望，他們就會一如既往地執著進取，而守望也變成了對目標的憧憬。

誰都可以成為白領

在職場上奔波，每個人都應該不時地審視周圍的工作環境，並定期調整追求的目標和生活的價值。不斷進行職業生涯設計，審視自我、確立目標、企劃生活、評估素養。用以排除不必要的憂鬱和干擾，使計畫更富於可行性，致力於工

作目標的實現，達到人生的反省。這對於藍領來說似乎有些陌生，差距也就在這裡。如果你能對此駕輕就熟，並不斷地隨著時代的發展提升自我，成為白領就不再是夢。

誰都可以成為白領，只要你能用心生活，並時刻保持青春的活力。每個剛從學校畢業的人，都有成為白領的憧憬。有一份穩定而有前途的職業，最好能進入跨國大企業。再透過奮鬥得到晉升，幾年後能擁有一間代表身分地位的 office。而事實也的確讓他們感到欣慰，因為他們勇敢，在職業發展之路上步履扎實，最終獲得高收入高回報。殊不知，世上再沒有比自信更有價值的東西了。只要你勇於夢想，並為此付出辛勞和汗水，就會內心充實地充滿活力，改變自己的命運。因此，誰都可以成為白領，絕不是一句瘋話。

但是，生活中很多人都不相信自己具有改變人生的力量。他們總在心中盤問：真有機會讓我來做白領嗎？我真能駕馭白領的工作量嗎？老闆會認同我的努力嗎？長此以往，原本可能獲得的機會也不復存在。因為生活不等待任何人，在時光的河流之中，你不想到上游，那就只能在下游徘徊。當然，生存是需要講究技巧的，職場上的晉升絕不像名片上增加個頭銜那般輕巧。想成為白領就需要百尺竿頭，更上一步。略有鬆懈就有可能全盤皆輸。但是，關鍵在於能夠永遠保持有充沛的精力和心力。」

　　了解白領的同時，要預測出白領幾年後的發展方向。如果你想在兩年後成為白領，按照現在的白領標準來要求自己是不夠的，因為隨著時代的發展，白領也在不斷進步。高科技時代和第四波使得新型白領具備更多管理技能，比如說健康經理人就可能成為未來的首選。他們主要負責開發適合白領鍛鍊的運動，設置有利於白領身心健康的環境。禮儀、美食、家庭關係、員工發展等的顧問隨時追蹤職業變化，針對熱門職業為企業人力資源投資和員工個人發展提供建議，這種「未來學家」一定搶手。此外，白領要與國際接軌，在「經濟對流」背景中發揮才能。這也就不難理解，為什麼白領要進行不同程度的「洗腦」。

　　白領在未來的發展需要國際認證的標準化職業資格證書的支援。這是可以馳騁全球人才市場的「國際護照」，被稱為進入外商的綠卡、走向成功的電梯。諸如英國特許公認會計師 ACCA、加拿大註冊會計師 CGA、美國壽險管理師 LOMA、倫敦工商總會英語 LCCI、國際行銷經理人 CME、微軟系統工程師 MCSE、劍橋資訊技術 CIT 等等。這種證書的擁有將成為衡量人才的國際化標準，似乎是一件約定俗成的事情。物有所值才會趨利而往。白領之路注定會多艱辛。

　　其實，看似艱辛的問題只要堅持不懈，最終的結局肯定如春花般燦爛。但是，夢想只有化作現實，才具有自身的價

值和意義。真正的白領階層不需要白日夢。而只要堅持進取，任何人都可以成為白領，有時候，正是勇氣和執著成就了人生。

我是白領我怕誰

　　在白領的字典裡從來就沒有「退縮」這個詞。因為白領努力的方向是人性的優點。我是白領我怕誰，這是白領面對紛繁世界的熱情宣言，在當今時代，這種意識日益成為白領成功的資本。事實也證明，幾乎所有成功的白領都具備這種基本素養，同時勤奮並有效率。勇敢可以被看作是白領最大的智慧，透過這一點，白領戰勝自己的怯懦，彌補不足，在絕大多數情況下，這是準白領和白領的價值順利實現的原因之所在。

　　對於人類潛能的開發而言，生活中存在著很多內心競賽。能不能完全的信任自己，幾乎直接決定著白領的成敗。一旦在內心的競賽中奪魁，準白領和白領想走多遠就能走多遠。而且，每當遇到挫折，他們都會產生良好的心理暗示，這是邁向成功的開始。由於社會長時間以來，對待白領狀態的認同，對其自然形成了一定的壓力。因此，白領不能失敗。至少 15 分鐘可以辦完的事情絕不應該在 30 分鐘之內結束。在巨大的壓力之下，白領還不能夠為生活所打敗，他們

必須善待自己，白領什麼都不怕。

　　但是，辦公室如同戰場。如果你擁有很多朋友，遇到職場上的坎坷都會逢凶化吉；如果不善於保護自己，而且遇事妥協，白領就面臨很多危機。對於白領來說，身邊可能有四種敵人：男老闆、女老闆、男同事、女同事。在男老闆面前，工作品質必須適度。既不能讓他產生危機感，也不能讓他看不起，他們愛和智力相仿的人打交道。而女老闆的嫉妒不分場合，工作上往往很挑剔，假如她是個女權主義者，事情將更加麻煩。男同事有時顯得沒有品味，很多人熱衷於分析女同事的三圍，以及股市行情和足球。漂亮的女同事也很討厭，因為她們容易鬧出桃色事件，讓你招惹上莫名其妙的情敵。

　　好在成功的白領是勇敢而富有智謀的。他們勇於和這些原本可能成為敵人的人交朋友。比如說跟年輕的老闆稱兄道弟，跟上了年紀的老闆做忘年交，體會前輩對待世界的看法。而且，你應該清楚，女人在內心深處都是善良的。不管表面上多麼冷峻，內心都有一塊柔軟的母性本能。加班之後，跟男同事一起打保齡球，也不失為一件樂事。他們對於炒股的評論也有參考價值。至於辦公室裡「一道流動的風景線」，可以把分寸拿捏好，避免「越位」。往往能成為善解人意、細心周到的好朋友。這樣，自然能夠提升工作效率。

在日常生活中，每個人都應該用足夠的精力去創造新生活。不順服於生命中不可避免的風雪。白領從事的是別人無法替代的角色。一個人只有意識到他注定要有所作為時，才能夠獲得人生的成功。於是，我們總是聽到藍領納悶：白領怎麼做了那麼多「不可能」的事情？其實，白領之所以走著另類的道路，完全因為他們的勇敢。他們拒絕自己的觀點成為別人的翻版，從而不懈地對自己的人生加以建樹。這也是自由人性發揚的結果。準白領要想成為白領，必須保持百分之百成功的態度。職場上的挑戰者必須無所畏懼，因為勇敢會導致成功。要知道，從夢想、擁有欲望、挑戰到採取行動、期待以至於得到肯定，並等到成功的通知，這是一個透過「力能移山」的熱情和勇氣實現自我的過程，因此，白領得到了來自社會的尊重。

別弄丟自己的乳酪

美國人編了一本暢銷書，才四萬多字，名字叫《誰搬走了我的乳酪？》（*Who Moved My Cheese?*），據說在全球銷售了2,000多萬冊，其中涉及了很多在工作或生活中處理變化的「絕妙方法」。書中的哼哼和唧唧辛勤找到的大量乳酪，在一段時間後，竟於一夜之間毫無來由的消失了，原因在於別人都積極尋找職業的時候，他們仍守在原地不動，直到消耗盡

原來的勞動果實，然後，他們聲嘶力竭的呼喊：「誰搬走了我們的乳酪？」可笑嗎？一點也不！

　　白領並不是一成不變的，快節奏的現代生活不會使任何人絕對「穩定」地過日子。要想永遠擁有乳酪，白領必須付出努力，繼而完善高水準的人生。為此，白領應該使自己的生活更加井然有序。這樣才能頭腦清醒，心情舒暢。這要求你下班前整理辦公桌，定期清理文件和電子郵件。最好每天鍛鍊至少半小時，再開闢出一塊能徹底不受打擾的地方，每天在那裡待上幾分鐘，堅持自己的價值觀。特別要弄清自己想要得到的「乳酪」到底是什麼。是金錢、滋潤的生活、挑戰的刺激，還是不斷超越，抑或兼而有之。

　　獨立的白領應該終身學習。為此，你必須劃定專供研究的時空，善於利用坐車一類的時間，與周圍的人保持交流並分擔給他們一些工作，必要的時候，白領還應該聘請家庭教師。以最少的時間搬運最多的「乳酪」。當然，白領必須了解成功的最高境界。不要經常繞道而行，要操作盈利豐厚的投資，從而培育優美的自我。因此，白領要有長遠的考慮。就世界範圍來說，如今的環境汙染、生態失衡就是「經濟人」無視全球利益造成的，最終，「經濟人」本身也不會得到長遠利益。就個人而言，白領必須提升原有「乳酪」的價值，繼而使之得到增值。

　　科技的發展徹底改變了整個世界市場。網路正在有力地變革著每個人的生存狀態，白領的機遇與挑戰也同時襲來。他們必須轉變工作觀念，這是生活的需要，不以他們的意願為轉移。置身知識經濟時代，白領不能成為簡單的工作狂，應該寓娛樂於工作以及整體生活的和諧安排之中。殊不知，在當今時代，懂得生活平衡的人的工作效率更高。只有生活好的人才不會使「乳酪」的存在產生危機，因為它會時時督促你奮鬥打拚。要想不斷地贏得「乳酪」，白領必須改變傳統的競爭觀念。不要將力量專用在打擊對手上。應該在獨立的前提下，胸懷包容的心態與夥伴們合作共存，謀求最大的發展。

　　此外，白領還要轉變市場銷售的觀念。市場是白領的生存線，市場銷售是工作的重點。白領必須了解消費者的興趣、愛好、工作、家庭、性格、生活習慣、朋友圈、未來打算等等。把消費者當作自己的親人，使工作富有人性美和人情美。觀念轉變的基礎是技能的轉變。白領必須提升勞動技能和網路生存素養，而且，時間比金錢更重要，白領應該享受生命的每一天，而時間就是生命。在職場上奔跑起來吧，唯一的辦法就是去贏得更多的「乳酪」，開始一段積極的人生。

白領獨立筆記

　　白領的獨立是一種結果，而過程中充滿著合作與累積。特別是我們面對著科技、知識的作用越來越明顯的社會，由於商品價值創造由體力勞動為主向以腦力勞動為主轉變，白領的獨立價值將日益增大，因為智力勞動的價值膨脹。白領的獨立筆記是人性的記錄，想知道自己是怎樣的人，先要照一照尊容，了解自己的本來面目，然後再來了解職場。因此，白領的獨立筆記除了要不斷剖析自我之外，還要對他人的言行加以總結。

　　在激烈競爭的職場中，人們對於自己的事情，比別人的任何大事都關心，舉個最簡單的例子，自己的腳趾腫了，比天塌了還要重要。因此，讓自己的生活簡潔而又條理，是白領每天都要在筆記中提醒自己的。必須承認，當今的時代是年輕人的時代。新人類和新新人類正在成為新白領的主體。於是，人們慨嘆「30歲就已經老了」。睿智的中年白領以「向年輕人學習」為開明時尚之舉。假使白領真能對自己誠實，自然應該面對現實，在知識呈幾何數遞增及迅速老化的今天，閱歷之於創新顯得不再重要。條理和簡潔是生活的環保狀態，這需要在獨立筆記中著意加以展現。

　　白領的生活不應該累贅，一旦陷入這種循環，就如同讓

自己栽種的植物被叢叢雜草所隱沒。準白領應該總結自己平庸的原因。現實生活中不乏一些極具潛力的人碌碌無為，他們缺乏自我培養與教育的意識。而天生駑笨的人，往往因為刻苦而終成正果。因此，每天都要問自己這一天都做了什麼，相對於昨天來說，是加號還是減號？長此以往，意志就不會隨著時間的流逝而漸漸暗淡。白領自然能夠找到感覺，全力以赴地走進自我革新之路，對於時機的選擇會更加準確，這也是不斷積極進取的意識使然。

白領的生活應該具備道德的約束。在職場生涯中，總會有一些人在背後傳播可疑的謠言，而謠言就像冰塊般融化開來。殊不知，涉及他人隱私的謊言是最讓人討厭的生活方式之一。這種生活態度與白領實在不應該有對話的可能，因為不論有意無意，閒話都不可寬恕。白領在寫獨立筆記的過程中應該回憶自己一天之中說了多少無根據的話，考慮這種話能有多大的危害，從而未雨綢繆。值得注意的是，白領的閒聊並沒有性別差異，人們最愛的是自己，最大的興趣卻是別人，白領男士應該更加注意。

「你自己也厭惡的東西，不要把它用到別人身上。」白領只有深刻理解了這句話，才能找到生命的陽光。獨立筆記的存在可以讓白領獲得了解自己和別人的契機，這種習慣的結果使得白領開闊眼界。思考問題也會更深刻，行為也更理

性，對於生存狀況的審視、事業未來遠景的規劃都增加了一塊成功的籌碼。當然，獨立筆記的形式多種多樣，可以使用電腦、智慧型手機等，如果能設置一套網路處理系統，就更增添了現代化的意義了。白領之間也正是因為反省素養和次數的不同，逐漸拉開等級高低，從而改寫了自己的人生。

解讀白領關鍵字

　　白領所處的職場充滿了競爭，也充滿了合作。要想全方位地了解繼而成為白領，必須對各種關鍵字加以解讀。比如說職業女裝、職場、端莊、理想形象、自助旅行、燒腦行業、小資、性騷擾、健康經理人、中性姿態……誠然，在工作生活中能夠依靠的只有我們自己，但是又必須對這些關鍵字給予充分的了解，從而擺脫陌生而帶來的距離。

　　白領的服裝一般都是色彩素雅、款式簡潔的套裙，這種 career women'swear 不可能過於華麗、性感、複雜和時髦。從根本意義上講，這還只是當代「工作服」。即使沒有統一規格，也應該給人「共同製造」的感覺，而且，有錢也不穿比上級更好的品牌，幾乎是白領階層不成文規定。career place 往往給人特別感，儘管白領總是感到疲憊，但是，職場生涯會讓她們感到自身的優越，都市佳麗在城市舞臺粉墨登場，想起來都是一件很舒服的事情。modesty 似乎是個很保守的

詞，白領的端莊幾乎是她們與別人拉開距離的天然武器。當然，這不影響前衛龐克們八小時之外的性感，來源於西方的性騷擾可能因為屈服或拒絕後明確或模糊地影響白領的工作表現或形成討厭的工作環境，在當今時代，遭受騷擾並不是女性的專利。而 ideal image 雖說是由來已久，10 多年前才成為舶來品，並成為白領追求的籌碼。

此外，自助旅行是白領樂於採取的釋放壓力的方式。白領大都是從事腦力工作的人，因此被稱為燒腦行業。類似的詞還有空姐、空少等，指在交通運輸和傳呼臺工作的白領。「小蜜」源於拉丁文 SECRE-TARIUS，指的是可靠的人，最初由男人擔任。後來大都由年輕漂亮的小姐擔當，並由最可靠的人轉變成最親愛的人，其中加入了很多的柔情蜜意。而中性姿態與激素分泌失衡無關，主要指的是後現代的一種性別平等，而健康經理人物依舊是白領的高級自由顧問。

對白領關鍵字的了解非常重要，成為一種職場人，必須首先深刻地了解這門行業。重視自己的職業形象，展現出獨立的意識以及能力。在理解了有關白領的概念之後，白領亟待集中精力掌握生命歷程，發掘深層的生命意義。人生行為需要不斷調整，休假、旅行、進修、職業、人際關係等等要多加以考慮。而在第四波襲來時，白領要麼把本國公司做到國際上去，要麼把國際公司做到本國來。白領要是不想不停

地拋球接球中工作，就必須聽從心中的召喚，在諸多白領關鍵字中找到突破的契機，從而提升白領對於城市的價值。

如今，新一代白領應運而生。全球化背景下知識經濟的興起透過準白領所接受的高等教育、所經受的教育文化洗禮、所從事的較高知識和科技含量的職業，改變他們的命運。這些人已經成為時下新白領的主體，備受媒體的關心。新白領關鍵字是在白領關鍵字的基礎上，不斷更新，逐漸總結的結果，目前，還沒有明確的概念。但是，可以肯定的是，更富有獨立意識的新白領做事更加徹底，他們的政治態度、價值取向、職業風範、生活方式、成長趨勢對當今城市社會的未來意義重大。

白領是這樣練成的

生活中阻礙我們的不是敵人，而是親朋好友。我們正是在她們溫柔的幫助下，逐漸產生惰性。自古貧寒出才俊，從來紈褲子弟。失敗和坎坷使人變得勇敢而無敵。上天往往在給人一分困難時，增加其一分能力。成熟的白領都經受過艱苦的磨練，從而要求自己每一天都比昨天更好。

通常大量外資公司湧入一個國家後，會逐步實現白領的當地語系化，從而降低成本，取得最大效益。但是，對白領

的要求不會因此降低。白領要審時度勢，不斷地經受鍛鍊。在全球化逐漸推進的今天，白領必須熟練地掌握一門外語和電腦知識，同時在一種專業領域有深入的研究。簡言之，就是懂技術、善管理、了解國際市場運作規則，從而在辦公大樓如魚得水。

　　白領要在職場上快速地決斷，占據領先優勢，而且不辭辛苦，因為成功者往往是持之以恆、專心於目標並致力實現的人。此外，白領不能盲目從眾，躲開可能碰到的陷阱。穩紮穩打也至關重要。累積成功所需的力量，逐步發展，是白領的明智之舉。在艱苦的磨練之中，白領還要努力開發創意，圍繞事業思維不拘地展開聯想。阻止精力分散和生命資本的不必要的流失，保持每種技能都在最高標準上，似乎每個毛孔都能射出力量。長此以往，白領的生命力永遠不會枯竭。而人生就如同迴力鏢，你給什麼，就回什麼。

　　生命太短暫了，不能只顧及小事。白領的磨練有時也會在安逸中進行。你平時滑手機、追劇、發呆時，別人可能正快馬加鞭呢。對於懶惰的人來說，什麼公司都是一樣的。通常的情況下，如果你受重視，到哪裡都受重視，如果你不受重視，到哪裡情況也不會舒服。跳槽還不如改變自己。當你因碌碌無為而苦惱時，不訪問問自己，了解公司的人事狀況、客戶廠商和操作模式了嗎？用更多的時間來解決具體問

題了嗎？每週都對以往的工作進行總結了嗎？如果不能為此做出更好的答案，趕快加入到磨練之中去！實際情況已經很清楚，你的職場閱歷不足。而老闆的眼睛是雪亮的，因此，你自然會感到「懷才不遇」。

白領的修練應該注意乘法效應。10 ＋ 10 ＝ 20；10×10 ＝ 100。白領應該在工作中修練出「共振」意識。知己知彼，方能百戰不殆。合作可以擺脫原有思想的束縛，使工作發生質的變化。而溝通是一種同步，長時間的乘法效應會引發馬太效應（Matthew effect）：強者更強，弱者更弱。在激烈競爭的職場上，你可能因為乘法效應的作用，養成良好的工作習慣，逐漸進入春風得意的狀態了，從而實現理想與現實的對接，追求到卓越的人生。

目前，年輕、熱情、洋溢著青春活力的人要獲得開啟白領之門的鑰匙，實現心弛神往的理想選擇，必須不懈地經受磨練。其實，我們不妨以古今的時代英才為師，並為磨練設置一個標準。國際著名的公司聯合利華對白領的要求是：專業成功優秀，有社會領導經驗，有團隊合作精神，有解決問題的能力，溝通能力強，正直自信，追求卓越。這符合社會對新時代白領的要求。而接受磨練的過程，也是在成功的道路上不斷向前的過程。千萬別忘記，肥沃的土地上開的是嬌嫩花朵，難以經受風吹雨淋，而參天大樹咬定岩石不放鬆。

 第一章　獨立：白領的成熟創意

第二章

超越：提升生活品味

珍惜生命的每一天

《鐵達尼號》（*Titanic*）告訴人們：珍惜生命每一天；而歌裡卻唱道：驕傲無知的現代人不知道珍惜。看來，都市人在珍惜生命的問題上，似乎沒有充分的考慮。這是一個對話的時代，我們在人群中活著，時間往往就在彼此的來往中流走了。其中最讓我們不能忍受的就是等待的焦灼。當忙得不可開交，又必須等待主管、同事的聯絡時，內心的挫折和失望感逐漸增多，甚至為無法追回的時間而慨嘆。白領置身於這種悖論中，又必須珍惜生命的每一天，因此，往往要在處世技巧和統籌方法等問題上做文章。

如果等待是不可避免的，我們必須考慮在這段時間做點什麼，以免隨便打發掉，因為湊零為整的時間是相當可觀的。最方便的辦法就是隨身攜帶著袖珍的閱讀資料，比如說辦公室裡的報告、簡報、期刊、英語辭典，或是相關的智慧型手機 APP 等，而且你應該養成習慣，即使身處吵雜的環境，也要集中精力閱讀。此外，等待是放鬆自己的最好時機，也可以在這段時間閉目養神，使疲憊的體力和精神得到恢復。而且，等待的時間可以被限制，這樣能夠縮小浪費的範圍，而且，做事情盡可能趕早場，這時候參加的人員不多，你可以有更多的選擇餘地。

很多白領能夠在每天獲得額外的一小時，其實非常簡單。如果能夠不顯得自己沒禮貌，完全可以在正式會議或聚會時，故意遲到 15 分鐘。理由非常充分，類似會議或聚會的開場白都要耗費很多時間，而又沒有太大的價值。如果不能遲到，也應該利用這段時間做點事情。這種看似不負責的行為倒反映了對人生的負責。當然，如果主辦者意識到了這一點，能夠在減免繁冗環節上做點努力，就可能為大家贏得寶貴的時間。在當今時代，時間不意味著金錢，因為它比金錢有價值得多。時間就是生命，任何浪費生命的做法都不可能得到接受，這一點無需質疑。

人類的力量大致有三種表現形式：暴力、財富和知識。當知識和權力統一時，沒有知識，改造自然和社會幾乎不可能。因此，培根認為知識是可以等同於權力的。在知識經濟時代，知識越發成為核心的終極力量。準白領覺得生活中有很多「不可能」的事情，並非缺乏財富，而是缺乏觀念，也就是缺乏知識。白領節省時間就是為了更好地獲取知識，從而實現自身的超越。因此，一個充分利用時間的人，往往是一個強大的人。他把原本可能浪費的時間融進了自己的血液和生命，使「不可能」成為可能，這就是成功的理由。

在這個意義上，我們可以認為，這個世界上有兩種人，一種是珍惜時間的人，另一種是浪費時間的人。是否能夠獲

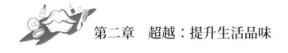

得更多的知識，從而使自己更加強大，往往取決於對時間的運用。兩種人的命運注定有不同的結局。白領的生活已經基本上擺脫人性的弱點，並為其追求提供了方向。當然，白領應該客觀地了解和評價自己的承受能力，特別是在快節奏中增強內心的力量，保持心理的平衡。每天不妨為自己煮一碗心靈雞湯，讓精神上繃緊的弦有一個鬆弛的機會。生活和工作應該是有勞有逸，有張有弛，這樣才能夠蓄積力量。特別要注意的是，不要把時間浪費在懊惱上，對事業上的挫折耿耿於懷，是非常不明智的，也不可能贏得快樂。

準白領跳龍門

　　準白領成為白領，無疑展現了自身的超越。超越的方式很多，而知識的儲備達到質的飛躍和對規則的熟悉，是超越必經的途徑。在崇尚「白領」的今天，我們可以得出跳龍門的指標。如今的白領階層更注重能量，諸如掌握現代化技能，個性獨立，處事果斷。準白領只有依靠自身的素養，才能找到有素養的工作，並努力開拓出一片事業的天地。在現代化進程中，一部分畢業生很快就適應了快節奏的都市生活，這與他們平時對白領不自覺的靠攏有關。因為當今的管理職位要的是能力，他們開始把進步的要求對準自己。

　　準白領只有把敏捷、聰明與見識發揮出來，才能實現自

身的前途。這要求提升表達能力。人的一切行為都是在語言的間接或者是直接溝通中實現的，說話索然無味的人，在有意無意間失去了絕大部分的機遇，從而成為人群中的矮子，儘管這並非出自她們的本意。因此，準白領必須有駕馭語言的能力。其實，在日常生活中，我們發生的衝突糾紛大多起因於令人討厭的聲音、語調以及不良的談吐習慣。談吐上的缺陷可能會導致交際的失利，失敗的言語甚至能夠把國際會議攪得不歡而散。因此，準白領必須健談。

準白領在應聘的時候，應該不會忘記，考官常常根據談吐來決定是否聘用你為其增加生產力。因為口才在很大程度上影響人們是否購買你推銷的商品，以及對方是否願意進一步和你來往。即使你是埋藏在土裡的金子，思維像星星般閃閃發光，管理經驗如保羅一樣精明，頭腦裡充滿了藝術、體育、航空、地質、音樂、電腦等等淵博知識，但是，在跳龍門的時候，如果沒有足夠的表達能力，一切都變得不可能。別忘了，白領從來都是潛力不斷得到開發的群體，他們拒絕與現代化斷層，沉默不是他們的性格。

白領是以現實取勝的階層，他們對規則的維護是很嚴肅的，通融與墮落為他們所不齒。他們是堅強的，而且都很清楚，怯懦的聲音恐怕只有母親才會耐心聽完，生活並非時刻都有母愛包容，因此，死板和固執可能使原本可能成為白領

的人變得不受歡迎。準鯉魚要想跳龍門，就要拒絕別人的同情，因為白領不是弱者。準白領必須遵守規則，為了形成習慣，平時不要在面對紅燈時踩斑馬線，買東西的時候注意排隊。殊不知，這折射的正是一種都市新精神。白領的進步意識都建立在現實的基礎之上，於是，才能的發揮、機遇的把握都不再僅僅是夢想。

在當今時代，白領做的事情大都科技含量高、服務素養好。而準白領剛從學校畢業或是沒有多少專業經驗，面對著高科技高水準的服務，總覺得規模大、實力強的企業通常對他們有些敬而遠之，在猶豫中失去許多的機會，其實，白領是塑造出來的。誰個人都天生地具有稱謂白領的潛力，儘管這種潛力的指數不同，但是，經過不同程度的開發，都能夠有所作為。準白領的可塑性較強，往往尚未形成不良的工作模式和錯誤的工作態度，只要接受有計畫、有目的的專業培訓，往往可能在某些方面超過傳統白領。因此，準白領要想成為白領，必須考慮的問題已經逐漸清晰：勇氣、知識和對規則的自覺認同。這為超越提供了阿基米德之點。

期許生命高飛

尋求發展幾乎是所有白領的目標，他們在每個城市的早晨，都期許生命高飛。據一項有關白領的調查顯示，幾乎所

有的白領都認為個人發展極為重要，他們看重薪資水準、工作氛圍和領導素養。白領對於工作本身似乎並不在乎，甚至不考慮自己對工作是否有興趣，忽略負擔與精神壓力，還有一半人並不在乎社會地位是否受到尊重，所以，白領的確需要超越。這時，少數作家、藝術家與知識分子的空靈浪漫成為社會的潤滑劑。儘管這種靈魂的需要為大多數白領所排斥，但是，生命的高飛應該是一個詩意的過程。

白領的工作壓力很大，每天工作忙碌而緊張，他們正是在這樣的工作中實現了個人價值和事業發展，而疲憊的他們大都想得到晉升的機會，但是，機會卻只為一部分人所獲得，正是這一部分人的生命完成了飛翔的使命。在不斷發展的城市，他們之所以能得到超越，大都擁有廣博的知識和處世的經驗。一個人苦心竭力也沒有成為白領，原因在於內在和外在的障礙。有的如同床上的彈簧，要上一點機油來潤滑，有的像鬆弛的腹部，把它繃緊才體面，有的類似男孩的髒臉孔，要用熱水肥皂用力擦洗，有的跟修理汽車一樣，需要調整零件……

生活是一場耐力比拚的過程，職場環境直接影響著白領的生活態度。儘管人際關係複雜，但是，白領大都能與主管和同事和睦相處，參與民主決策，發表自己見解。特別是如今的新人類和新新人類，在知識經濟波瀾壯闊的背景下朝氣

蓬勃地進入職場，之所以能夠馬上就嶄露頭角，都因為他們具備飛翔的資本：以新鮮氣質衝擊傳統的生活方式和價值觀。我們可以看到，技術革命的影響非常大。網路正在席捲全球，新資訊讓白領的知識更豐富，也更加強調獨立意識。白領飛翔的姿態讓他在生活中占據的位置越來越顯赫。

如今，白領從事的是熱門職業，高學歷的作用越來越大。而且，這種學歷在與社會對接的過程中，必須考慮到不斷升級。如同電腦的更新一樣，白領的飛翔應該不斷達到新的高度。為此，他們的努力使得整個社會的發展成本低廉、資源分享、服務獨特。網路銀行的出現得到了白領的歡迎。白領充分利用銀行花費數十年時間和鉅資建立起來的城市ATM 機和POS 機，在成為銀行最具有價值的客戶的同時，也開始思索生命高飛時的技術指標，以及富有人文關懷的個性化服務方式。因此，白領的快樂多於憂傷。

白領應該引導自己走入最佳狀況。發展一套適合自己的計畫，制定可行的目標，確定固定的時間和地點，與家人和朋友多交流，實現生活的多樣化，抵制生活帶來的傷害，增強體能，完善獨立筆記，並找機會獎勵自己。束縛白領高飛的羈絆主要在於對於年齡的恐慌、心理疲勞、寂寞、自信心不足、目標不確定、觀念落伍、自卑和緊張，克服這些障礙絕非一日之功。因此，白領任重道遠。今天，白領的超越應

該為全社會所關心，城市的發展正是透過白領的超越完成了形象的塑造。在這個意義上講，不斷飛翔著的白領是城市的名片，而普通職員自然應該了解到，對過去生活的「需要突破」與「必須突破」成為了重要的選擇，在當今時代要向白領看齊。

走進讀書時代

經受過良好的教育的白領在辦公大樓裡需要不斷充實自己，僅僅衣裝得體，工作上能獨當一面是不夠的。數位時代對工作水準提出了更好的要求，白領需要走進讀書時代，達觀地面對無常的世事，超越知識的貧瘠。特別是在外資、合資企業，競爭鳳毛麟角的高級職位，生存壓力是非常大的。只有不斷充實自己，才能避免缺乏熱情。沒辦法，白領面對的不僅是新世紀不可測的多變經營環境，還有來自主管的壓力和部屬的挑戰，至於經營策略的變化，也是必須應付的。

其實，每個目標的完如同一間旅館，只是我們臨時的棲居之所。在你努力的同時，身邊已經湧現出了新競爭對手，而且，這種競爭在不斷加劇，如果你明顯感到了壓力，就應該明白，這種外在的壓力其實是一種內心的自危感受。自危源於知識的貧乏，知識的貧乏使得你感到自己不夠強大，這個棘手的問題其實非常容易得到解決：走進讀書時代。和大

學生活一樣，白領的讀書也會經歷四個過程：不知道自己不知道；知道自己不知道；不知道自己知道；知道自己知道。只有不斷地充實自己，才能把感覺定位在最後的過程。

白領的生活是很單純的，其中不摻雜過多的因素。他們每個階段都在追求不同的目標，提升自己的價值觀。事實上，當你剔除內心的汙穢和埋怨，就會生活在單純之中，心裡想得都是那個清晰的目標如何能夠得到健康的實現。這種單純的追求不是幻想，而是真實地面對，從而獲得心靈的寧靜。在這個意義上講，白領的生活永遠是現在時。「多數人的人格都是分裂的，我們的身體裡至少有兩個敵對的敵人，一個想要退隱山林種番茄，另一個卻想成為一尊受人膜拜的偉人雕像。」其實，白領都是「雙面人」，內心時刻都有兩種聲音在打架。總是在退縮還是前進中選擇，這樣，工作和生活似乎總是勢不兩立。一個基本的事實是，只有讀書能夠把工作和生活統一起來。

腹有詩書氣自華。讀書可以提升白領的氣質，超越繁雜的瑣碎，從而樹立自己的品牌。充實自我之後的白領可以在主題派對中，不像小市民一樣津津樂道於股市行情、明星緋聞……他們關心的是微軟的公司新任經理、《時代雜誌》的封面人物、美國名人競選參議員的最新動向、跨國集團的境外培訓、獵頭公司的追蹤服務……長此以往，原來覺得很棒的

工作，如今不再認為值得眷戀。巧的是，機會就在這時來到你的身邊，如果你的工作技巧和個人綜合素養都沒有問題，自然就會在合適的領域大顯身手。

　　讀書的時間需要創造。如果沒有積極的心態，繁冗的工作很可能是你失去充實自己的契機，每天工作過後，唯一想的就是要好好睡一覺。那又怎麼能提升自己呢？白領的讀書時間需要「擠」，在一切可能浪費的時間中學習，才能默默地超過對手。如今，沒有哪個公司不辭退員工，白領面對新白領的挑戰，絲毫也不能放鬆警惕。較高的知識科技含量、較複雜的職業技能和較好的工作環境、較高的收入永遠是成正比的。讀書是對自我的負責，白領只有不斷地努力，才能使自己的生涯從不確定走向確定。

白領的幸福生活

　　在不斷超越自我的同時，白領獲得了生活的幸福。白領對幸福的獲取，源於對自己的嚴格要求與不斷激勵。比如說白領領先進入手提時代，在新世紀的地平線上，洋溢著自信而又矜持的微笑，穿梭在辦公大樓、咖啡館、候機廳、商品交流會現場、星級飯店……覺得自己「一切盡在掌握」。甚至開始對普通職員、城市市民不屑一顧。身為城市發展的主流，成為時尚的代言人，享受高科技帶來的便捷。沉浸在優

雅、品味以及格調中難以自拔，在這個意義上講，白領的幸福生活還需要超越。

當然，要想成為白領，首先就要實現這種生活。比如說你不能滿足於擁有智慧型手機，行走在都市的人流中，你只有攜帶 1-2 公斤左右的筆電，才能覺得與眾不同。

人靠衣裝馬靠鞍。白領習慣於品牌效應。愛馬仕、LV 會給他們沉浸在快樂中。漸漸地，他們變得很挑剔。比如說吃西餐的時候，一定要來點歌曲伴奏，喝咖啡的時候覺得炭燒太苦，藍山太酸，卡布奇諾勉強湊合。吃西餐、喝葡萄酒構成了新的繁文縟節，但是，他們樂於接受。於是，如今很多專對白領開放的場所打出看板：「滿足您挑剔的感覺」。其實，儘管這種作秀有些令人厭惡，但是，在缺少涵養厚度的城市，僅僅是做秀都有它的價值和意義，更何況，白領的生活狀態是奮鬥的結果。

對於想成為白領的一代，未來要成為新白領，就必須擯棄白領的惡俗，並超越其原有的精華。要知道，現實往往不是按哪個人的需要去發展的，白領不意味著成功。這樣，白領需要內斂，並不斷累積成功的資本。因此，白領的幸福生活不能缺少高貴的品格。只有這樣，才能廣結善緣，從而不斷地獲得好運。為此，你應該把握每個做善事的機會，在帶給別人快樂的同時，獲得自己的快樂。其實，白領所需要

的關懷是一種自我實現。這充分表達了新一代白領的生活態度。為準白領的努力設置了希望的燈塔。

　　白領的幸福生活應該是實實在在的高雅。我們不能為了避免惡俗而陷入世俗。因此，白領「與畢卡索喝咖啡」、去音樂廳聽爵士都是值得提倡的。儘管這有點小資的小確幸，但是，在藝術中品嘗香醇濃郁的咖啡，絕對是一種幸福。相對來說，白領不喜歡搖滾，他們都是雅士，不憤怒什麼，也不叛逆什麼，當別人「在雪地上撒點野」的時候，他們聆聽如大海般的雅尼（Yanni）和多愁善感的BALLADS，在主體派對上大談「藍調」、「即興」……此外，白領的生活必須健康。要保持均衡的睡眠、飲食、運動及規則的生活和積極的心態，這樣才能有良好的預感，負起生活的責任。特別是在知識經濟時代，白領只有在有勞有逸中實現自己的價值，才能決定自己的道路，從容地過上有創造性的生活。

白領生存寓言

　　不同的生存方式造就了不同的人生。人們總是困惑自己到底想要做什麼。當然，也可能不斷地回答自己。比如說上大學為了做什麼，學了MBA又能怎麼樣，進了國際著名的大公司就能過上好日子嗎？不同的職業會有不同的疑問，也會產生不同的生存寓言。特別是新人類和新新人類們，一旦

進入職場，為人處世絕不甘心安分守己，卻似乎也能恪盡職守。但是，這些回答能否解除困惑，似乎並不可肯定。現在的問題是，白領的人生到底是個什麼樣子？

不妨講幾個故事。有個青年來到綠洲碰到一位老先生，年輕人便問：「這裡怎麼樣？」老人家反問道：「你家怎麼樣？」年輕人立即回答：「糟透了！我非常討厭。要不能到你這裡來嗎？」老人家接著說：「那你快走，這裡和你家一樣糟。」後來，又來了個青年問同樣的問題，老人家也同樣反問，這個年輕人的答案與上一個正好相反：「我家非常好，我想念家裡的一切。」於是，老人家便說：「這裡也是同樣的好。」老人家為何前後說法不一致呢？其實，生活常常如人所願。你要尋找什麼，就會找到什麼！關鍵在於你的人生態度。

要知道，任何職業都是從事這一職業的人產生某些心理習慣和性格特點，從而產生了許多小社會。生命如蠟燭，白領在燃燒自己的時候，可以是科學家、商人、外交家、記者……萬種職業在白領階層生長。如果白領是塊材料，拿這塊材料做點什麼都不錯。因此，白領非常優越。但是，在做生物實驗時，把一隻青蛙放在裝有沸水的杯子，青蛙馬上跳出來，把牠放在另一個溫水的杯子中，並慢慢加熱至沸騰，青蛙剛開始時會舒適地在杯中游來游去，直到牠察覺的時候，已失去力量跳不出來了。這就是煮蛙效應（Frog effect），白領對自己的超越必須保持充足的敏感。

因為大環境的改變決定小環境的成敗。而大環境的改變有時根本看不到，如果沒有足夠的知識和警惕的態度，就是置身最危險的時刻，也意識不到。為此，白領必須由不同角度來思考，如果不是這樣的話，白領注定會遭遇坎坷。如果白領力圖減肥，那麼，每天入睡之前，白領都應該問問自己：今天有沒有亂吃高糖高碳的食物？有沒有懶惰？有沒有做運動？有沒有充足的休息？這才能夠避免在安逸的環境中使自己變得臃腫。其他的決心也是如此。於是，很多人就納悶，白領從哪裡擠出的時間，做了那麼多事情。

最後再講兩個寓言。有個小男孩問上帝：「一萬年對你來說有多長？」上帝回答說：「如同一分鐘。」「聰明。」的小男孩又問上帝說：「一百萬元對你來說有多少？」上帝回答說：「就如同一元。」小男孩聽候，高興地對上帝說：「那你能給我一百萬元嗎？」只聽上帝回答說：「當然可以，只要你給我一分鐘。」可見，任何事情都不是舉手可得的，天下沒有白吃的午餐，準白領要想成為白領，必須有足夠的毅力。

還有一個替人割草的男孩打電話給一位太太說：「您需不需要割草？」這位太太回答說：「不需要。」男孩又說：「我會幫您拔掉花叢中的雜草。」太太回答：「我已經做過了。」男孩又說：「我會幫您把草與走道的四周割整齊。」太太說：「這我也已做

到了，謝謝。」男孩便掛了電話，男孩的父親十分不解，「你不是就在那位太太那裡割草的嗎？」男孩說：「我只是想讓他知道我做得有多好！」生活無處無技巧，大家都當心了！

找對卓越的另類切入點

　　白領要以卓越姿態立足職場，不應該過從眾的生活，陽光般的另類切入點極為重要。現如今，新白領面臨的挑戰越來越大，因此，在職場衝浪時要迴避很多盲點。迴避盲點的最好辦法就是找到事業的切入點，比如說具有創新的思想，擁有高素養的創意，培養積極的團隊合作的精神，形成節儉的習慣……置身合作時代，白領的工作只是全部工作專案中的一環，而多加班就意味著多爭取機會接觸最新的資訊，多爭取升遷的機會。這似乎都提供了白領未來努力的方向。

　　在傳統的思維中，人際關係的好壞是事業成功的生命線，而白領的切入點應該是關心專案有多大的市場、產品有多長的生命週期、廠商的從業素養如何、合作有無潛力、何時適度地調整自己……在這個瞬息萬變的時代，還將經歷更多地放在人際關係的協調上，幾乎是捨本逐末之舉。白領必須深具成本意識，了解職場最關鍵的成本何在，從而為企業節省開支。白領要具備適應能力，對環境應該保持必要的彈性，否則，升遷也可能蘊藏危機。此外，白領還應該注意搜

集、分析、應用職場、客戶以及競爭對手的資料。

　　當然，不在意人際環境不意味著忽視其意義，白領要掌握必要的禮儀規範。要能準確使用文明語言、尊敬的口吻，明確傳達意向。而且，白領不能過於穩重深沉，那簡直是一種作繭自縛。白領應該在保證自己處事和諧的同時，為規則的形成做自己的努力，這與利益有關。職場提供的利益為實質利益和程序利益，公司發展也要讓員工得到實在利益，團隊中有難同當和富貴共用就是程序利益。

　　如果規則缺失，當問題發生時，就沒有人願意主動承擔責任。而規則缺失帶來的傷害還是雙向的，這一點不僅應該為白領關心，也值得金領予以關心。完善的規則要求白領充實專業知識，提升專業技能，了解社會的動態趨勢，以便增加工作的廣度。白領面對自己的椅子，應該不斷提醒自己，努力奮鬥才能坐得更加舒適。而且，自身的操作方式是否有較高的附加價值，可以說，危機感和成就感促使了白領高度敬業。白領要掌握職場的平衡，就得不斷自我開發自我磨礪，尋求最大限度的潛能。

　　如今，人們關心白領的視角已經逐漸「由外而內」，物質層面的東西淡化，更多朝向其特立獨行的品格和另類的價值取向，朝向有些尖銳的處事的方式，以及後現代的思辨力。他們藐視傳統和穩定；崇尚自由快樂平等；有選擇地接受時

尚文化，他們以自我為中心，做事目的直接；他們追逐時尚，看起來很自我很享樂很現實。他們大都明確自己要做什麼，切入點也很完善，甚至從操作到成功的時間都計畫得很準確。穿梭在職場上，白領要適度地保留獨特的見解和方案，認知到合作的終極目的何在。找到好的切入點就意味著成功的開始，置身國際化大都市，數萬計的或流動或穩定的白領就是在切入點上栽培燦爛芬芳的。降低理想與現實的反差，提升工作素養和成功的可能，都要在這裡起步。

領略多元的資訊時代

「知己知彼，百戰不殆」，資訊就是財富，在多元的資訊時代中，白領必須適應國際化的潮流。對於跨國企業來說，當今世界越來越像大工業園區，白領要透過全球通和網際網路進行全球業務連繫，可以在盡可能短的時間內到世界各地去會見客戶，更何況，現代化通訊縮短了時空距離。現在的問題是，白領真的能適應國際化發展趨勢嗎？真的能和不同膚色的人們融洽地溝通嗎？真的能夠在多元文化中遊刃有餘嗎？面對全球跟自己站在相同角度的職員比起來，你的能力真的是毫不遜色嗎？

資訊時代的科技和知識越來越重要，商品價值創造由體力勞動為主向以腦力勞動為主轉變，知識本位已經超越了金

本位和官本位等成為白領成功的最重籌碼。生產及服務自動化、資訊化、智慧化水準自然要不斷提升，繁重、重複的體力勞動逐漸被自動化系統所取代，因此，白領將透過智慧和勞動，成為新興知識產業的主力軍。由於發展的速度驚人，他們必須了解彼此的發展規模、階段、水準，以免產生重複勞動或陳舊勞動，以致在競爭中處於劣勢。白領的英文水準要扎實，如今，外商白領大都能用規範英語起草商務文件，流利地完成交流和談判。否則，閱讀對方資料或與英文水準高的客戶用餐聊天時，簡直如同「食雞肋」。

白領應該注重對媒體的關心，由於媒體的觸角隨著資訊時代的發展而不斷延伸，其提供的資訊有全方位的意義。舉一個最簡單的例子，當客戶第二天結束合作回國時，如何適時地被你提醒多加衣，因為當晚的天氣預報告知晴轉多雲，客戶一定會感到溫暖。周遭關於社會、經濟、人生百態的問題都因對媒體的關心而有了自己的看法，這對白領在職場中的判斷是極其有利的，至於城市生活、生態環保、商戰內幕等應該研究，從而更好地適應可能發生的變奏。特別是人物傳記或口述實錄，以其親身的體驗，展現真實的生活面貌，其獨到的視角對社會城市變遷的反映別具特色。

他們最能適應多元時代的真實，時而是歌手，時而是作家，時而是畫家，可能還會轉行做模特兒。他們也可能發出

沉重的聲音：要麼離開，要麼遭到同化。他們在為現代都市「解碼」，提供著資訊時代的經驗性資訊，為白領生活提供了極好的參照。如果思想還沉浸在落伍的價值取向中，白領的工作就可能舉步為艱，當前最重要的是跨文化溝通。白領對資訊的解讀分為兩部分，一方面是對於自己的職場關係密切的公司、城市、部門有關的一切，另一方面是與己無關，但是影響全球的動態，諸如世界盃、國際和平、生態危害等。

逆風感悟順風飛揚

　　每個人都渴望順利，但是往往天不遂人願，因為順利和坎坷永遠是人生天平上的兩極。過於順利和過於不都不好，而人生最有價值的嘗試應該是，逆風感悟順風飛揚。這對於職業白領來說，有極深刻的感喟，他們太知道風力的個中滋味了。很多白領對自己的工作環境、發展空間及薪資水準都不慎滿意，不同公司的白領見面時，往往要彼此寒暄對方的工作令人羨慕。但是，真要涉及到工作互換的時候，幾乎沒有人會真的同意。其實，不同的職位裡生活的是同樣的白領，他們的境遇、升遷、跳槽都與其心態有極深的關聯。

　　心理學研究成果表明：每個人周圍都有磁場，人體的磁波會受到「侵入」因數的干擾。遇到逆風時就會感到各種不自在、緊張與反擊情緒，特別是知識經濟時代的困惑非常多，

白領對明天的展望未必樂觀。據說有一位身心科醫師在從業不到一年的時間裡，共接待過 200 多位「患者」，其中大多數在 35 歲以下，在外商工作的白領或管理人員占 49%，如今，白領居之不易。這種逆風的感悟可能並不全來自於薪資的不滿足，更多的可能實在對比中產生的自滿或自卑，面對一般上班族、不同城市的白領和揮金如土的有錢人，他們的心態往往變得非常微妙。

傳統白領面對新白領，也會產生危機感，年輕人學歷高英文棒潛力足，一旦自己的經驗不再占優勢，幾年後就將遭到淘汰。白領對未來的生活難以預測，他們一邊野心勃勃地規劃未來，試圖提升物質和精神的殷實程度，一邊又憂心忡忡地擔憂，說不定何時可能落伍。白領勞資衝突近年來也呈上升趨勢，特別是入世後，根據「人才本土化」的經驗，外商必將大規模吸納國內人才。而在巨大的競爭壓力下，國內企業不得不精化商務流程，從而帶來大規模裁員。更加嚴峻的是，如果未來對知識人才的需求與其湧現不能同步成長，迎風的白領注定要擺渡「自牧」的命運。

白領他們不得不在某個喧囂過後的午夜，靜靜地問自己：想不想辭去目前的工作？目前從事的工作是否感到滿意？對目前的公司到底有多深的理解？自己到底對那一類工作感興趣？能否勝任自己感興趣的工作？目前的工作中值得肯定或

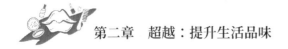

否定的方面是什麼？自己的性格中的優勢和劣勢是什麼？是否能在壓力下工作？諸如此類，將困惑自己與可能要困惑自己的問題弄清之後，無論身處怎樣的職場，都將能夠逆風感悟順風飛揚。

要在職場自由自在行走如飛，白領必須有扎實的本領，有一個技巧值得注意：不要在同事與主管之間，做更多的價值判斷，諸如經營思路是否正確、客戶是否挑剔、前景是否看好、老闆是否有魅力等等。應該更多地在事實層面上探討，簡單的是或否有時僅僅是個人看法，更何況，這種表露對自己的職場生活並沒有什麼好處。此外，白領還要清楚自己一週用多少小時完成工作，能否營造一個有利的工作氛圍，以及何時找機會補充自己的知識水準等。解決了這些問題，白領的順風飛揚，注定不會是夢。

俯視圍城

尋找到合適的伴侶，是我們的一種渴望。但是，如果找不到合適的伴侶，千萬不能勉強維持一種「姻緣」，因為那樣會帶來無盡的苦惱。人生實質上是文學和哲學的總和。文學的永恆主題是愛情，哲學的永恆主題是人。也就是說，在做人的同時，我們還得擁有愛情。否則，人生是不完整的。

我們對古人有一點穩固的傳承，這一點被稱作「浪漫」。

浪漫在血液裡永遠不會消亡，數位時代的浪漫仍然風情萬種，儘管我們都知道，浪漫是一場夢，但是，生活中沒有什麼比這種夢更加美麗，誰也不能忍受沒有夢幻的生活。一個留牛角辮的小孩在遊戲中自然地進入「新娘」的角色，一個對紅塵無所求的白髮婆婆仍然對老伴浪漫依然。但是，這對白領來說，卻顯得有點難。即使他們不認為浪漫是人生幼稚、階段性、轉瞬即逝的插曲，也沒有時間思考浪漫的方式，無論是白領男士還是白領女士，都感到非常疲憊。

因此，他們必須俯視圍城。一旦自己能駕馭婚姻，自然是一件美事，不能也別去仰視，那樣只會身心俱疲。特別是浪漫充滿繁文縟節，時而小題大作，時而「勞民傷財」，無限期推遲結果的到來，白領的工作性質似乎不賦予他這種耐性。俯視圍城，展現了白領的超越精神。正所謂當局者迷，站在圍城之外，能夠把圍城看得更清楚。上天造白領的時候，也許有過這樣的顧慮，一雙腿不能幾條路都走到盡頭。白領必須在得失之間做出選擇，當然，其中也有大智大勇的人，一個人擁有幾種命運，他們的可能性太多了。於是被讚嘆為郎才女貌、珠聯璧合，而事實上也確實能雙劍合璧。

婚姻是一座城，白領也是一座城。職場是許多人夢寐以求的天堂，誰都渴望舒適的辦公環境、快捷的工作方式、頻繁的交際活動。當然，他們可能還把白領定位為「物質生活

滿足，精神素養提升」的成功者，但是，這並不排除很多白領離開職場，去做快樂的普通人。可見，白領很精彩也很無奈。追求精彩者想「進城」，感到無奈的人想「出城」，其實，哪裡都是圍城，到國營、公司、外商還是自己創業，都要有良好的心態。如果不超越圍城意識，讓工作和應酬牽著鼻子走，白領就太小家子氣了。

　　超越圍城意識，與理智的跳槽無關。凡事都應該考慮充分再做決定，選擇職場就是選擇企業在國際化市場大潮中的生存能力和發展前景，走在圍城之間完全適應時代發展潮流，但是在職場上千萬不能有被圍困感。只要全身心投入，一定會有好的收成。特別是隨著入世和全球經濟一體化趨勢的形成，圍城應該被逐漸看淡，這樣，你才能成為受歡迎的人。為此，應該注意的是，不要蕭規曹隨，要不斷地探詢客戶的評價，分析自己的長處與短處，要有全球化意識，不要態度遲疑地與人打交道，不要把自己捆綁在婚姻的圍城上。

拒絕「口吃」

　　在白領生活的周圍，有很多口吃的人，儘管這不是他們的錯，也不是他們的父母的錯，據說漢代以《法言》、《太玄》著稱的楊雄就是口吃的人，正因為不能完整、流暢地說話，他採取艱深晦澀的方式寫作。英國作家毛姆更是祈求上帝去

掉自己口吃的毛病，無奈天不遂人願，他也因此成了無神論者。可與楊雄不同的是，毛姆的筆調輕鬆自如，他拒絕以楊雄的方式對抗口吃。誰知在網路時代，不口吃的人成了口吃的追隨者，這恐怕是以此自卑的楊雄和毛姆們沒有想到的。

如今，有一群新新人類遊蕩在網路空間裡，他們大都受過教育，當然也有擦皮鞋修雨傘賣茶葉的，他們原來都說著一口流利的母語，儘管夾雜著不同的口音，可每個生命的背後都有充滿著母語情節的回憶。但是，一旦接觸到網路，好端端的人就不會說話了。東西偏要叫「東東」，睡覺要叫「睡覺覺」，吃飯要叫「吃飯飯」，坐車要叫「坐車車」，上網似乎使人回到童年。

最讓人擔心的是，網上充斥著網路酸民，這些人在現實中可能不是酸民，可坐在電腦面前，他們徹底撕開平時披在身上的道德衣衫，盡情地胡說八道，其中一部分人在網上說髒話、霸凌、帶風向。我曾在聊天室裡看到一個人獨自「國罵」，罵了多久不知道 —— 因為我覺得他可憐，於是跟他再見 —— 但我線上上的 20 分鐘，他一直在罵，不知他是否有神經病，如果是，那是醫院的失責，如果不清楚，建議家屬趕快送他入院，以免耽誤病情。

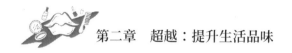

生活在別處

　　能夠生活在別處，對實現自身的超越極有好處。生活在別處，既看清了自己，也能更透澈地了解自己所嚮往的生活狀態。看一個人將來的成就，主要看其目標和追求的態度。比如說有些女人情感細膩文雅，關心更新的潮流，對「時尚」一直保持高度的敏感。生活在時尚雜誌一類期刊中。因此，很難看到她們不修邊幅，她們在會體貼與關心朋友的同時，展現著一種大都市氣質。

　　無論是藍領、準白領還是白領都應該生活在別處。白領在「別處」學會了「維權」，當放棄權利的白領在沉默中將妥協變成一種習慣時，有些白領毅然引爆衝突。生活在別處的白領看到了兩個現實：人才在市場化；市場化中存在不規範。她們在就業求職中缺少規範操作。可見，很多白領的自我保護能力還很差。而且，初出茅廬者大都有「弱勢心態」，對待遇問題被動接受，這樣，就為日後的危機埋下了伏筆。特別是海歸派很難接受的本地企業在規則與人情之間的搖擺，殊不知，長此以往，「人情」往往帶來極大的感情傷害，因此，白領必須看清楚別人，也看清楚自己。保證職業的安全、賺足了錢還可以順心地在寬敞的辦公室設計未來。

　　對未來的預測極為重要。我是誰？我從何處來？我要到何處去？只有回答好這三個問題，城市白領才會在繁囂之中

越活越堅挺。日本「綜合經營企業」總裁中田修的故事頗值得借鑑。1922 年出生的他，創業經歷十分坎坷，有過在窮途末路流落街頭的時候，也有過三次自殺經歷。當他準備第四次結束生命的時候，看到了一塊「桑澤設計研究院」的看板，當時並不明白設計院是做什麼的，好奇心驅使他看了設計院介紹，沒想到竟然改變了自己的命運。此後，他成立了一家規模很小的東京設計院，率先進行工業設計研究，獲得巨大成功。

但是，中田修沒有滿足，還仍然經常生活在別處，對周圍的一切保持細微觀察，當他看到一些商務車在露天場上晴天被太陽曝晒，雨天被雨水浸淋時，想到了嬰兒車，於是發明了帳篷式的防雨棚，並且裝上四個輪子；當他發現一些人找不到商店買禮物送給家人時，就雇用一批人在路口出售鮮花和禮品。漸漸地，蛋糕越做越大。如果一味地生活在辦公室裡，發展會越來越有限。因此，白領應該走出封閉的工作環境和小圈子，在交際中相互理解和表達交流思想感情，特別是應該開眼看世界。讀讀拗口的米蘭·昆德拉、喬治·歐威爾（George Orwell）甚至馬奎斯的作品，都有助於白領品味的提升。

此外，白領如果有機會到國外進修，也是一件好事。有朝一日學成歸來，也能帶來新鮮的東西，加速國內對當代世

界的最新發展的充分的認知和了解。生活在自我與別處之
間，會延伸出不同的對話的平臺，人生也會不斷地增值。

第三章

責任：對待職業的忠誠

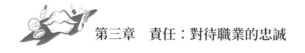

決定白領道路

　　每個不懈追求的人都對自己負責。一個人對自己負責的程度決定了他到底能走多遠。起步之前，我們首先要記住白領家的門牌號。否則，會在追求中迷失方向。為此，每天都要提醒自己，用更少的時間做更多的事情。如果科學地計算，一個人一天擁有 1,440 分鐘，白領的一生可以理解為某個時間的銀行。銀行的儲備是有限的，更殘酷的是，作為時間的貨幣在白天如果沒有使用，當晚就被宣告作廢。白領知道自己的時間是有價值的。要想讓昨天的困難在今天迎刃而解，就必須在限定時間裡最大效率地解決問題，並且笑得更加燦爛。

　　要想決定自己的道路，思維、生活方式和生活態度一定要獨特超前。如果不能把握機會，就等於放棄了其他可能。這時候，白領並不需要過穩定的生活，如果不是未老先衰的話，能使你產生這種年頭的恐怕只有中彩券了。在奮鬥的過程中，白領時刻都在考驗自己能夠承受多大壓力，煥發多大的潛能。其實，時尚只是年輕的表象，獨立思考和個性生活才是年輕的內容。這樣，白領就會明白，機會、事業、將來都比金錢重要，當機遇來臨的時候，肯定會謀求到更大的發展空間，從而獲得未來。

　　白領在提升自己生活品味的同時，也可以認為是在為人類的自由和解放奮鬥，至少使一個階層的人生理想得到盡可能地充實和完善。擁有白領意識的人都不會視此為畏途。正如泰勒所言：「我們大部分人都可以做出比平時多三四倍的工作量，而無須延長工作時間或把自己弄得精疲力盡。」剛進入職場的人尤其應該注意這一點。你必須在忙碌中體會到快樂，做任何事都要付出代價，這是你不久就會得出的心得。要決定自己的道路，不是一件容易的事情，因此，必須全力以赴地對待，充分了解周圍的事物。

　　如果你目前沒有工作，就要搞清楚自己對工作的感覺，並明確對於未來的期望。如果你對目前的工作不滿意，就要弄明白技術的發展對工作產生了多大的影響，並了解自己渴望得到的工作的性質。比如說什麼工作是嚴格要求的，什麼工作是隨意創造的。有了明確的目的之後，還要知道你將為此付出多大的代價，也就是做出必要的權衡，包括時間和金錢的支出。當一切顧慮都沒有了，你還得重新拿起書本，決定自己道路的過程就是向一個嚮往的工作靠攏的過程，通常要經過一定的學習培訓。

　　白領的決定不能拖延，更不要為自己找理由，所有的理由都是藉口。更不要總覺得時機還不成熟，如果這樣無休止地等下去，時機永遠都不會成熟。你等於給自己設置了永遠

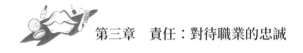

的阻礙，其實，時機都是在奮鬥的過程中不斷趨於成熟的，這一點毋庸置疑。此外，每天給自己留一個小時時間，做自己最想做的事情。可以激發自己蓬勃的創造力，緩解自己的疲乏。假以時日，你就會理解成功到底是什麼，這種有利的結局有多大價值，得到別人的掌聲是否就意味著成功，為什麼我常常不快樂。只有解決了這些問題，白領才能夠決定自己的道路，並在行走的過程中使步履逐漸踏實。

給更多的人當打工仔

做一輩子白領，未必是所有人的願望，有遠大目標的人之所以打工，就在於要給未來設置一個良好的過渡空間，當儲備完成之後，自然開始創業的生涯，因此，打工的目的、內容確定之後，就不再應該苛求形式了。將工作僵化在繁文縟節之上，會極大地降低白領的創造力，也不利於在競爭中搶占先機。

多元化的生活節奏中，很多都市白領都熱衷打工，她們以特有的就業理念及生活方式，挑戰當今時代的困惑。願意給更多的人當打工仔，使他們就業理念的自然延伸：能做就做，不能走就走。他們的年齡在二、三十歲之間，一般都是具有較高學歷的單身一族，「炒」老闆的「魷魚」是他們無奈又開心的做法。也難怪，有著較高學歷、素養、氣魄的他們怎

麼可能一上班就喝茶看報紙幫主管打資料及接電話呢？為了實現自己的理想，他們願意承擔風險，在不同的公司跳來跳去，同時打幾份工甚至十幾份工的斜槓生活。這在傳統理念的判斷中似乎是不可能實現的事，殊不知，這早已成為多元時代的一種真實。

白領在公司一定要展現自身的價值，管理者要白領為自己的私事服務，會令人感到不快。因為辦公室工作與幫主管接送孩子等沒有必然關聯，白領如果有 10 份價值，可以在 10 家公司各展現一份價值，這比拘泥在一家公司展現兩、三份價值有意義得多。因此，白領儘管疲憊，也仍然願意穿梭在人聲鼎沸的人才市場裡尋找不同的機會。否則，他們就願意在遵守規則的前提下，繼續「蜻蜓點水」。比如說做媒體廣告業務員、房產公司房屋仲介人員、合資公司的市場顧問等工作完全可以同時進行。

新時代的白領可能天生就是不安分的人，他們喜歡嘗試各種環境，今天為這家公司搞廣告企劃，明天為那家公司做企業形象，擺渡在不同的空間裡，會別有一番滋味在心頭。更何況，隨之而來的收入不菲，從生產力的角度來說，固定在一個公司是一種束縛。當然，隨著年齡的增大，如果有更適合的創業的機會，他們自然不願意錯過。

值得注意的是，穿梭在不同的職場，一定要掌握規則。

尤其是不同職場之間的競爭，千萬不能構成自己參與的範圍，而跟願意固定在單一職場的人，也要保持良好的關係。要改變一個人的思維方式，是一件極難的事情，因此，不要試圖說服別人跳槽，那樣會被對方認為是不穩定的因素，從而結束與你的合作。其實，只要態度要誠懇熱情，保持禮貌風範就可以。大可不必「事事關心」，做自由自在的「斜槓人」，最重要的是合理地安排時間，提升工作效率，從而能最大程度地實現自我。

做新好男人

　　曾經有一首關於張鎬哲的《好男人》歌曲，其中歌詞唱道：「好男人不會讓心愛的女人受一點點傷。」知識經濟時代又為好男人提出了更高的要求。僅僅忠誠、老實已經遠遠不夠了，好男人必須付出努力贏得舒適的工作環境和數目可觀的薪水，否則，如何能安置一個溫馨的家呢？激烈的競爭已經讓女人產生了危機感，如果不能給心愛的女人帶來足夠的自信，讓他們體會「巧婦難為無米之炊」的滋味，那還是什麼好男人？

　　因此，當今時代，白領階層擁有新好男人的數量是最可觀的。穩定的收入、舒適的工作會營造出一種體面，從而為每個家庭所需要。新好男人必須有豐富的職場經驗，必須保

持整體的上升的態勢，還必須保持國際化的思維方式。此外，他們還不能為工作失去生活，因為他們對家庭負有責任。僅僅為工作所累，只注重事業上的成功，不可能演繹完美的人生。新好男人的價值就在於既有事業上的成就，又有快樂的家庭生活，因為心愛的女人不會同意辦公室的壓力把他風化變老，她們要求新好男人時刻給生命以持久的鮮活。面對這樣的要求，新好男人只有一如既往地奔波，繁忙而又快樂著。

因此，新好男人的一生是相對「完整」的。他們在壓力極大的社會環境中拚命地工作，為「家」增添浪漫的情調。他們拒絕自己在「物質」和「精神」上妥協，無論是主動還是被動，他們永遠在超越自己。當然，如果你還沒結婚，千萬不要盲目地戀愛。因為這既是對別人也是對自己的不負責。這樣，我們就不難理解，為什麼很多白領開始追求不結婚。並把這種生活方式看作誘人的時尚。他們可以穿怪異的衣服，甚至保持中型姿態。儘管感到孤獨，獨自一人占據著家的所有空間，但是，不能盲目地做出選擇，因為他們是新好男人。

新好男人需要找到新好女人，才能使人生得到整合。但是，他們知道，這是一個亂碼的時代，時尚使得很多事情都發生了錯位，比如說兩個人非要經過網戀才能找到感覺，而工作又不能賦予他們更多的時間留在網上，於是，他們把對

異性的思念揮灑在工作中，讓自己在忙碌中變得高貴。但是，長此以往，他們會把謀生的工具當成人生的目標，逐漸失去了自我。這樣，反思之後，他們開始把目光放在辦公室，目前，成雙成對地在同一間辦公室工作的伴侶並不鮮見。工作就是工作，生活就是生活，他們能夠解開人生的這團麻。

　　如果新好男人不選擇過頂客族生活，他還必須對孩子盡到責任。現代生活很難讓女人安心於居家工作，這需要男人承擔一部分義務。並不是說他有足夠的金錢就可能把妻子「綁」在家裡撫養孩子，受過高等教育的她也渴望實現自己的社會價值。因此，每天早上起床後，新好男人要為妻子和兒子準備好早餐，在妻子收拾屋子的時候，把兒子送到幼兒園。而且，平時也應該多跟孩子交流，啟發孩子的思維，讓他們擁有夢想和實現夢想的勇氣和信念。看來，做新好男人是很辛苦的，但是，他們都懂得「躺下自己把憂傷撫摸，任他一路坎坷……」

白領一生應該這樣度過

　　前一段時間，社會上曾經探討過一個話題：當今時代，保爾重要還是比爾重要？其實，這個話題並沒有太多探討的意義。保爾告訴我們：「人的一生應該這樣度過，當回首往事的時候，他不會因虛度年華而悔恨，也不會因碌碌無為而

羞愧……」其實，比爾的一生大概也沒有虛度年華和碌碌無為。應該說，保爾提出了一個偉大的理念，而比爾在實踐著這一偉大的理念，而且，創造出了非凡的成就。相信絕大部分的微軟員工應該理解比爾的工作熱情和生活態度，對比自己的人生，不斷地實現超越。

白領的一生大概有最重要的三個時段：20-30 歲、30-40歲、40-50 歲。第一階段是從準白領向白領的過渡時期。面臨對公司和行業的選擇以及面試求職的問題，必須對「業界薪資行情」有個基本的概念，在求職前，如果沒有工作經驗，個人能力和表現都無記錄可資證明，那麼，你應該盡快入門，一切遵從公司的規定。如果擁有一定的經驗，就要了解同業的「底薪」、「全薪」等的差別，以及公司的薪資架構。重要的是要清楚自己選擇的公司和行業在未來有沒有發展，有多大的發展空間，這一點至關重要。

第二階段的白領面對的是升遷、加薪或跳槽的問題。經過了幾年職場鍛鍊，白領明白才華橫溢並不等同於成功。有的人才能平平，工作卻做得如火如荼，相反，有的人才華橫溢卻工作平平，已晉而立之年的白領要考慮提升自己的生活品質。如果確定自己享有的「待遇」並不恰當，就可以巧妙地跟老闆闡明，並請教其他公司主管：「這樣的職位在貴公司待遇如何？」當然，你不能蠻幹。如果一切都處理恰當，就

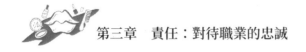

可以考慮是留在原公司謀求更好的契機，還是乾脆跳到另一家公司，發揮自己才能的問題了。

到最後一個階段的時候，白領就變得老練了。一方面，他們擁有較高的學歷和資歷，另一方面，也已經掂出自己的價碼，因此，逐漸處於穩定的狀態。身為高級白領，他們在完善自己工作的同時，可能會參與公司對新員工的培訓。給新一代白領講白領需要哪些素養，並給他們畫一個大三角形：其中，一個邊代表技術能力，包括技能的熟練程度、技術開發能力等；另一個邊代表人際社交能力，包括合作能力、語言溝通能力、親和力等；第三個邊指商務能力，包括財務知識的儲備、對客戶的了解、對市場前景的預測等。

高級白領就是依據這三角形，得到不斷晉升的。從初級白領到高級白領不斷豐富著白領的責任感。其實，在有關白領的商務關係之中，老闆擁有貨幣資本，白領是人力資本的擁有者，需要雙方不斷地談判和交易。這要求基於就業倫理基礎上的信賴感。當然，如果白領不斷超越自己，逐漸離開自己的職位，在創業中走出了一條康莊大道，更加展現了對人生的負責，因為從管理自己到管理不同的員工和部屬，這中間的過渡絕不是輕而易舉的，為此付出了多少代價和努力，只有白領自己知道。

新從業精神

　　個人的發展必須順從時代的態勢，這幾乎可以被看作定理。來自於不同環境的競爭和挑戰要求白領保持「新從業精神」。這種精神指的是應該做的就要做，對周圍的環境和事物永遠擁有新鮮感。其實，這主要提倡的是主動的工作態度，無論是否置身於富有意義的工作，我們都要不斷地提升自己，拒絕被動地工作，並使工作更富有創造性。這樣，就要不斷地接受挑戰。挑戰意味著更高的報酬、更好的前途、充滿樂趣和發揮才能的機會。現在的問題是，你準備好了嗎？

　　在開始這個話題之前，首先要糾正一個觀念。那就是對沉浸在單一業務中的就從業精神需要加以超越。這是一個務實的年代，對於才華的看法發生了改變。比如說以前誰發表一首詩歌是件很了不起的事情，但是，現在誰到任何社群平臺上都可以立即發表。所以，今日的職場英雄並沒有多少風華絕代的人物，如今講求的是科技含量和處事謀略。現在的社會，賺錢是工作的首要目的。僅僅才華橫溢，不能當飯吃。白領必須讓自己的智慧發揮出應有的價值，得到社會的認可，否則，只能得到埋沒。

　　新從業精神是對舊從業精神的發展。因此，舊從業精神中有益的成分還應該保留。比如說樹立健康的自信心、培育技能硬體。要實現自己的定位目標，就得堅定不移地為之努

力，只有對自己充滿信心，才能開啟別人信任的大門。特別是這種信任還應該有扎實的基礎，也就是說，自己的知識儲備、職場閱歷應該得到不斷豐富，同時還要優化自己的知識結構，在知識密集膨脹、發展急速的高科技時代，橫向和縱向的學習和發展都是非常必要的。這樣，白領才能在工作中獲得更多的主動權。

　　新從業精神要求白領不要去看遠方模糊的事情，而是要把眼前清楚的事情做好。只有把眼前的事情做好，未來的憧憬才能變得更加實際，因此，成熟白領拒絕空洞的夢。當令人擔心的事發生時，你是照常不誤還是無法工作？碰到討厭的對手，你是無法應付還是應付自如？面臨難以接受的失敗，你是自甘墮落還是使失敗轉為成功的契機？當工作進展不順利時，你是冷靜想辦法處理還是焦躁萬分？感到工作疲勞時，你是滿腦子疲勞還是不久就忘輕鬆依然？當主管交給你很有難度的任務時，你是推諉了事還是千方百計做好？對這些問題的回答決定著白領是否具備了敬業精神。

　　新從業精神要求白領務實、關心自我感受以及自我實現。要知道，白領面對的是科技、知識的作用越來越明顯的時代，這個時代亟待提升白領的智力勞動的價值。他們「用鐵門把過去和未來阻斷，生活在完全獨立的今天裡」。而且，這還是一個看重禮儀的時代，員工之間如有問題需要討論，

雙方談話聲音都要盡量放低。至於說在工作中談私人問題，或者在公司打私人電話，注定會令人側目。這也為傳統白領和準白領的努力提出了新的挑戰，好在每個人都有機會，而成功也不是少數人的專利，城市的霓虹向來都凝聚了全部的汗水。其實，白領就是在不斷累積經驗，提升素養的同時，找到走向成功的鑰匙。

廣告中的白領

曾經在聚會時，跟朋友們爭辯得很激烈：到底怎樣才能算白領？如果按賺錢的多少來劃分，這裡就存在著北部和南部以及國內和國外的不同。如果按生活方式來劃分，標準也實在難以確立，他們喜歡旅遊、酒吧、喜歡聽周杰倫、羅大佑也喜歡林志炫。他們願意看球，她們喜歡明星。可是，無論這個標準多麼模糊，社會弱勢群體還是以白領為切實的嚮往目標，有一點可以為此佐證，那就是白領形象的廣告收視率和市場回饋率都很高。

這樣，受人注目的白領應該在廣告中負責。這麼說的原因是很多白領形象在廣告中大打折扣。出場之前，白領調整自己的表情，一項內容至少要在一瞬間的聳肩、眼神、響指內表達出來。時間和行動的配合，會產生積極的作用，聲音、態度、動作和表情的配合至關重要。此外，白領一定要

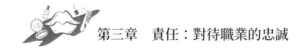

展現自己的真誠，因為真誠是魅力的重要泉源。這樣，面帶微笑，保持自信的白領帶給觀眾的是陽光的味道。這時，你就要留心自己的一舉一動，在顯示產品特點的同時，盡量透射現代社會的團隊合作精神。

如果你本身就從事影視廣告行業，就應該深黯其中三昧了。加班和熬夜得出的創意被沒完沒了的推翻和修改之後，你就應該總結出更多的經驗。白領應該發揚品味和後現代。這種廣告創意很能考察一個白領對自身職業的領悟程度，以及他對未來的看法。白領的責任感需要靈活和適應性的策略來輔佐，比如說分析廠商目標、特權以及策略來提升其產品的價值。而且，白領不要被動地等待市場回饋，每隔一段時間就應該直接聽取觀眾的建議。此外，你還得學習新知識，與高科技保持同步。久而久之，你的知名度就不斷增大了。

影視廣告界的白領除了精通本行業的技術之外，還應該研究不同媒體的受眾的性格、行為特點及類型，不能僅僅停留在《大話西遊》和《花樣年華》的感覺中。當然，你沒有必要因為別人的評價而改變自我，因為規矩還在創造之中，但是，受眾決定了很多東西，她們為你的判斷提供了重要的參考，一定要跟他們保持良好的溝通。如果發現廣告的定位不準確，必須重新定位，發掘產品更遠大的前景。這也是職業道德本身的要求。要贏人，先要贏自己。在這個意義上講，

白領的業務必須是扎實的。

由於白領在城市的價值和意義，應該在公益廣告中充分顯現白領的本色。比如說謙誠禮貌，勤勞刻苦，有遠見、有才識、有魄力，無論股市、房地產還是高科技領域，都可以涉足。成功的白領還有更高遠的追求，她們盡自己的才能為國家、政府服務，而且，白領引領時代的潮流，她們的業餘愛好非常廣泛：琴棋書畫、音樂舞蹈、旅遊攝影……她們關心希望工程，呼喚環境保護。這樣，廣告中的白領完成了普及時代文化的任務，而且，時時透射一種理念：成功來自創意，對新世界的新看法新主張都是非常積極的。

自己淘汰自己

在職場上不僅要學會跳槽，還要學會自己淘汰自己。有一則流傳很廣的寓言很能說明問題：在非洲的大草原上，生活著羚羊和獅子。每天清晨，羚羊從睡夢中醒來，想的第一件事就是，我必須比跑得最快的獅子還要快。否則，我就會被吃掉。獅子同時也在想，想得到今天的美餐，我必須比跑得很快的羚羊更快。於是，在廣袤無垠的大草原上，每天都演繹著驚心動魄的追逐，這就是優勝劣汰的自然規律。寓言中的羚羊和獅子都非常的主動，為了生存，它們忘我的奔馳著，淘汰自己的惰性，增強自己的生存本領。

　　動物能夠做到的，人更應該做到。「自己淘汰自己」絕不是一種自卑，而是對自身極限的挑戰。如今，由於人口的不斷增加，人類所處的生存空間正在無限壓縮。正如 30 多年前歐美的未來學家所預言的，「當人類跨入 21 世紀時，每週的工作時間將壓縮到 36 小時，人們將會有更多的時間提升自我，休閒娛樂。」其實，提升自我和休閒娛樂恰恰決定了人們不同的命運。如果自己不發憤地「提升」自己，只能遭到被動的淘汰。在這個意義上來說，白領必須正視自己，正如世界上不存在絕對的成功者和絕對的失敗者。

　　要想淘汰掉自身的惰性，就應該讓自己的工作充滿成就欲和積極性。當工作上遇到困難時，想辦法自己解決，任何逃避都是徒勞的；當公司有一個管理職位的空缺時，你恰好能夠超過別人，就要用於自薦。當仁不讓，積極爭取；如果辦公室突然停電，白領應該幫忙查明停電原因並想辦法解決，如果利用這段時間出去休閒，自己的形象在主管的眼裡就大打折扣了。可見，成功不僅是努力的結果，還與一個人的 EQ 有關。這種 EQ 的發揮從根本上講，源於其對待生活的態度，個中的差異相當明顯。

　　如果白領能夠不斷地「淘汰」自己，真正的成功就不會太遙遠。因為這種自律使得白領工作勤勉，不怕吃苦，而且逐漸找對人生座標。其實，世界上最大的悲劇就是，一個人

總也不能發現自己的缺點，這些人一旦事業上失利，總是抱怨別人，他自己永遠是委屈的，要不就是埋怨機遇不好。長此以往，幾乎喪失了「淘汰自己」的本能。殊不知，這種主觀臆斷無異於飲鴆止渴。事實證明，白領的提升大都得益於富有自知之明。他們在職業培訓中不斷地完善自我，從而，實現了自己的發展計畫。

要想不斷地「淘汰」自己，應該經常反思自己的言行、衣著和表達方式。比如說自己每天是否勤奮工作，這是生命和成功的意義之所在。自己是否有足夠的耐心，能否控制自己的情緒，前途目標是否確定，在順境中是否居安思危，未雨綢繆。特別要注意的是，你是否做了很多計畫，而沒有付諸足夠的行動，平時是否珍惜時光、享受生活，還有，是否一味地模仿別人。剛開始反思的時候，或許能夠感到痛苦，因為誰揭開自己的傷疤，都不舒服。但是，長此以往，你的判斷標準就逐漸客觀了，「淘汰」自己也感到非常坦然。

邁向成功的第一個階梯

人人面前都有梯子，而邁向成功的第一個階梯非常重要。為此，首先要了解成功的船駛向哪個港口，這比順不順風都重要。避風港捕不到大鯊魚。了解到深海捕魚的魄力和勇氣，因為保守絕不是出路，人生苦短，有力量就在風中獨

舞，這就如同《老人與海》中的情節，那種狀態跟渾渾噩噩不同，生命在每時每刻都充滿素養，一生的含金量非常高，要想成功，必須具備這樣的勇氣，白領的勇氣在哪裡？這是一個問題。

發展是真理。當今時代，奮鬥意識似乎是最起碼的企業文化。成功白領的特殊之處是他們都能夠激勵自己，按照心理學家湯瑪斯的觀點，對人最有吸引力的只能是工作，誰都想在社會大舞臺上打拚出一番成就，從而向世人展示人生的意義。但是，如何邁向這個階梯呢？一個基本的事實是，在潛能的意義上，我們都處於半醒的狀態。愛拚才會贏，內心的勞動力似乎構成了攀登臺階的背景音樂，並永遠在心中悠揚著。白領的超越在於切實的燈塔在前方的召喚，他們憑藉愚公精神成為贏家。

每個人都應該為成功創造條件。逢山開路，逢水架橋。正如文豪說，「其實地上本沒有路，走的人多了，也就成了路。」白領必須樹立起競爭、創新、平等、效益等新觀念，真正面向現代化，面向世界，面向未來。如今的白領有廣闊的自由空間，老闆鼓勵部屬說不，其實，所有的機會都是階梯。如果你的意見足夠高明，自然就能夠得到老闆的賞識，從而獲得提升的契機。一位速食店的總經理，如同 95% 的管理人員一樣，是從最基本的賣漢堡、打掃廁所做起的。因

此，他鼓勵員工：每個人面前都有個梯子。

　　白領攀登自己的梯子，爭取前方的目標，是一種很快樂的探索。而且，可以肯定的是，只要付出足夠的汗水和力量，一定能夠找到人生的階梯，一旦攀登了第一級，就一定會有第二級、第三級等待著你。從最底層做起，擁有人生智慧不是一蹴而就的，聰明的白領每天變好一點點，不厭其煩地在看似枯燥的工作中創新。準白領要想順利地成為白領，必須從小事做起，而且要把小事做好做大，其實，生活中很多不起眼的事物都是你人生的第一個階梯。比如說你去一家高檔百貨商店，發現價值幾千塊的絨毛大衣隨便堆在倉庫裡，不當心就會一腳踏上去，以後就不會去這裡買衣服了。人生也是如此。

　　所以，我們要盡快適應社會。「這個城市改變了我，這個城市不需要我。」這樣的曲調似乎有些不積極。唐吉訶德一看見風車，就對同伴說，「命運的安排比我們希望的還要好。」兩者的差異極其明顯。要想邁向成功的第一個階梯，必須具備基本的素養，知識儲備如何？把握機會的能力怎樣？是否把才華轉變成能力？在交際過程中感到吃力與否？白領不應該覺得這是小問題，只要其中的某個環節出了故障，你的白領夢的實現就要退出一個週期，成功要趁早啊！在啟動第二份工作之前，白領還是在心靈裡安裝一把梯子吧。

做職場流動的另類

　　有一個資質較差的小學生，無論老師怎麼費力地開導他，他也學不會從 1 數到 10。沒辦法，在與校長商量之後，老師請來了這個孩子的家長，看看能不能討論一下教育學生的問題。當孩子的母親得知兒子如此蠢笨時，怒不可遏地把孩子從教室中叫了出來：「你都這麼大了，連從 1 數到 10 都不會，將來除了當飯桶還能做什麼？」沒想到孩子慢條斯理地說，「還可以做一個拳王爭霸賽上的裁判，那個裁判只要從 1 數到 9 就可以了。」這個孩子比只會數數的普通孩子聰明多了，因為他另類，讓人感到耳目一新。

　　白領大都是職場上流動的另類。有人戲稱白領為另一個民族。他們不停地流動在各種企業，職場生活塑造了他們。其實，絕大多數白領對工作非常負責，而且，絕不虛偽矯情。如果覺得自己的本領可以完成更複雜的工作，他們可以清楚地對老闆說再見；一旦發覺自己的公司並不景氣，他們會毫不羞澀地上岸（離開）。當然，上岸並不意味著他們再不出海（上班）了，羽翼豐滿的時候，他們還渴望做水手甚至船長（主管）。他們不怕失敗，而且認為，只要有足夠數量和素養的成功就很滿意了。長久的工作狀態使得他們犧牲健康、娛樂甚至談戀愛。

　　白領在奮鬥之外，樂於追求高品味的生活。在她們的口袋裡可能沒有香菸，但會常備一包口香糖。當傳統男人演繹「飯後一支菸」時，白領們習慣地摸出一包青箭口香糖，清潔口腔、滋潤喉嚨；當傳統男人豪飲烈酒時，白領會一點一點地品味紅酒的清醇。

　　白領有強烈的合作意識。他們大都聽過這個故事：一個高明的父親和7歲兒子整理花園。中間遇上一塊深埋在土裡的大石頭，父親鼓勵孩子把石頭給推開，孩子推了好長時間也推不動，後來，他發現了竅門，在石頭旁邊挖了一個洞，找來一根木棍，使用槓桿原理用力撬，但是，他的力氣太小了，最後，只好對父親說自己無能為力。可是，父親的回答時，做事情一定要竭盡全力，於是，孩子有鼓足全身的力量，仍然無濟於事。孩子洩氣了。父親問他用盡全力了嗎？孩子說當然。父親說沒有，你還應該有力氣請求我幫助。

　　儘管白領之間的競爭是非常激烈的，其中還不乏有人拆臺。但是，從總體上看，白領是非常樂於合作的，因為在這個飛速發展的時代，單憑個人的力量是很危險的。而每個人都有缺陷，也許個子矮，也許長得不好看，也許嗓音像唐老鴨……但是，作為硬幣的另一面，每個人又都有優點。前面提到的缺陷使得你不會被表面的亮點所耽擱，直接挖掘深層的潛能。正如同一個瞎子和一個瘸子可能組成相對完整的人生，互補是生

命的必然，成熟的白領正是在合作中不斷豐富自己的閱歷，勇敢地面對挑戰，在強強聯合中成就了幸福的人生。

做最適合穿水晶鞋的人

　　一個富有挑戰性的職位需要最優秀的人來獲得，因此，管理者渴望給更多的穿上「水晶鞋」，比如說「獵頭」公司及職員，其實，白領也願意被獵頭公司看中，從而穿上對方遞來的「水晶鞋」。可見，獵頭是雙向的銷售員，在職員與客戶之間搭建橋梁梁。盡量地解除雙方的困難，因為很多職員都覺得目前的職場生活不夠舒服，客戶也覺得找不到好的職員。白領要想穿上水晶鞋，就應該不斷找機會培訓自己，在後學歷時代，資格證書的升級換代可資證明其價值。

　　如果白領擁有註冊會計師、金融分析師、保險分析師以至於加拿大的 CGA、英國的 AIA、ACCA、軟體工程師、MCP 系列微軟認證、IBM 認證等高級職業資格證書，自然會在不同的工作間快樂地跳來跳去。「學無止境」，置身於提倡終身學習的今天，白領不能滿足於自身擁有的學歷證書。如果要把原有的知識拿到「當鋪」折舊的話，很可能就變成了「蟲蛀蛇咬」的破爛，不值錢。此外，要成為最適合穿「水晶鞋」的人，還要注意對待合作不能有強烈的個人色彩，在職場上尤其要記住：不要苛求同事的人品，所有的對話都是因

為工作能力而展開的。

在某種意義上說，「獵頭」也算是穿上「水晶鞋」的人，因為其從事的也是有一定創意的程序化工作。特別是給客戶找到合適的員工的時候，對方可能沒有絲毫跳槽意向，還要為其拆解目前的發展空間、薪資狀況，以及客戶所能提供的職位的發展前景、個人待遇等。可見，發現人才也是人才成長的途徑之一，這個職位讓白領加深了對各個行業的了解、對各個大公司的企業文化的理解，以及對自身性格的完善。從而在給別人穿上「水晶鞋」的同時，也給自己穿上了一雙「水晶鞋」，遊刃有餘地在職場行走。

要穿上「水晶鞋」的前提是「了解自我」，正是這四個字鑴刻在古希臘德爾菲城神廟裡，身為唯一的碑銘，表達了人類與生俱來的自我實現的要求和至高無上的追問命題。只有了解自己，才不會打無準備之仗，正如尼采所言，「聰明的人只要能了解自己，便什麼也不會失去。」高科技時代對白領「了解自我」的問題提升到了突破性的新階段，而每個白領都擁有巨大潛能，只要能發揮好獨特的個性以及長處，就可以實現自己的理念。事實上，「了解自我」已經成為一把千年不熄的火炬，照亮了人類奮鬥的歷程。

其實，奔波在職場上的白領應該記住黑格爾的話：「人應尊重自己，並應自視能配得上最高尚的東西。」否則，即使

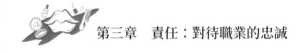

已穿上了高貴的「水晶鞋」，也可能擔憂有朝一日會失去。面對即將到來的一切，白領要做好充分的準備，更何況，職場上有很多不見硝煙的戰爭。而白領的勞資衝突也為「獵頭」公司提供了契機，「人才的競爭」看來已不再是一句空話。而即將要穿上「水晶鞋」的白領，面對陌生的環境，切忌不能緊張。尤其是不要為自身短處緊張，應經常想到自己的長處，連身陷囹圄的人都自信「天生我材必有用」，更何況自由的你呢？

將白領進行到底

人們對理想職業的憧憬往往與現實有一定的差別，比如說準白領對白領的設想應該是坐在辦公室裡喝咖啡，聽輕音樂，從容地處理日常商務。不會接觸複雜的人際關係，空閒的時間還可以嚼著海苔，在網路、電話、傳真和手機之間做自由自在的資訊飛人。殊不知，這也正是白領憧憬的，事實上的他們已經完全被工作充斥了。作為表象背後的實質，他們真正面對的是現代資訊傳播工具背後的龐雜的人際關係網，並為此沒日沒夜的加班。以圖獲得更好的機遇，更多的發展契機，更大的自我提升的可能。

這也就不難理解，為什麼有些人沒有把白領進行到底，而從事起其他的工作。剛剛走上白領職位時，很多人還都涉世未深，身上的書卷氣還很濃。辦公室的同事們可能把你當

成孩子，只是他們不會嬌慣你，而是根本不拿你當回事。這就與你強烈的獨立意識產生碰撞，為此，新白領要購置看起來很成熟的套裝，從而更加信任自己。新白領起初可能還適應不了職場工作服，儘管都是精美且標緻的西裝，但是在大熱天打領帶還是讓人不舒服。

好在準白領要成為白領之前，會到職場做實習員工，從而在心理和經驗上做好從學校到辦公室轉換的準備。有的人乾脆在讀書期間就有意識地鍛鍊自己，提升自己的社交能力，即使這樣，白領大都感到第一個星期特別漫長。由於經驗不足，除了看文件之外，可能總覺得無事可做，似乎又有些事在遠方提醒自己。這時難免感到不溫暖，這種感覺不完全是空調帶來的，如果不主動和別人溝通，幾乎不可能得到別人的主動幫助。因為大家都很忙，更何況，新白領的出現對傳統白領是一個挑戰，由於只有知識折舊率的不斷的提升，技術、醫藥、經濟管理等領域的文憑證書等在幾年之後就形同作廢，因此，傳統白領渴望對知識結構加以調整，並對理論加以系統化，很難找出時間去博愛地幫助自己潛在的競爭對手。為此，白領要留意一切程序化的工作，並盡快找到自己成長的路徑。

對新白領最大的鼓勵就是領到第一筆薪水時的感覺，這種感覺絕不是轉瞬即逝的，因為要考慮對這筆不奪得卻是自

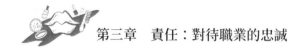

己賺來的錢如何支配。有一點可以肯定的是，新白領感到有錢真好，他們絕非因此成了金錢的俘虜，而是他們意識到了金錢作為提升生活品質的方法的價值。從此，他們會告訴自己努力，從而與中產階級以及富豪階層的距離不斷縮短。長此以往，白領的職位越來越穩定，升遷的機會越來越多，主體自身的積極狀態也會調整到最佳點，這都是白領及其周圍的人願意看到的。

白領要不斷累積成功的籌碼，就應該養成良好的工作作風，對重要資料文件及時謄寫列印遞交。要盡快掌握業務並準確地理解主管的意圖，保持良好的溝通氛圍，謹慎地處理公文往來。而且，要時刻讓自己的工作超出主管對自己的預期，超出自己對自己的預期。並妥善地處理看似微小的工作，今日之事不拖到明天，最好讓明天的工作在今天提前完成一部分。這樣，白領就會在逆境中堅強，在勝利中明智，在行動中自豪。

「經歷」不能空缺

職場對學歷的要求源於對其可能帶來的生產力的預期，如果白領的智慧屬於趙括一類的「聰穎」，一定會為職場所反感。職場對「經歷」的要求很高，必要的時候還可能加以評估，為不同的白領的能力、經驗、交際水準分層，甚至要

透過求職的問卷調查，了解白領的工作能力被公平評估的程度。「白領才心細如髮」，對多元文化和自主意識應該有成熟的見解，而白領大都會把目光聚焦在能直接帶來成果的工作上，但是，如果沒有此前的努力，就不可能沒來由地一路暢通。因此，白領也極熱衷於提升自己的素養訓練經歷，並為此不間斷地企劃、操作、反思……

白領「經歷」的獲得要透過能力的增加，在知識經濟時代，白領尤其應該注意提升的是：技術與業務能力、組織與規劃能力、談判與交流能力、數字計算能力、開拓與想像能力、文理貫通能力以及文化解讀的能力等。白領如果沒有扎實的技術才能必然被市場淘汰，在看似平靜的辦公室，實戰經驗的價值有時很驚人，白領的腦與手絕不能產生溝通障礙。而且，白領不能限於按部就班的傳統模式，如今被看作是管理者具備的能力今後可能會成為白領應聘的重點，因為對工作流程的設置、市場行銷方針的制定、財力物力的統一調撥，都會影響白領工作的諸多層面。

擁有較高「經歷」的白領都懂得表達並聽取資訊、思想與理念，應付紛繁複雜的人際社交，並在節奏快捷的工作環境中完成內部的交流。這將極大地提升他們的談判的水準，而白領之間的配合以及公司運作的銜接通暢離不開數字與計算，白領還應該富有開拓的精神，為此要搜集廣泛的資訊，

了解競爭對手的思維方法及觀察視野，從而搶占先機。此外，白領要將文理科的優勢彙集於一身，無論是專業技能還是抽象思維，應該融會貫通。而對文化的解讀能夠更好地適應變化的環境，變是唯一的不變，這是白領跨文化對話的前提。

有時候，白領的「經歷」可能與工作無關，比如說當男士談論體育、股票、國際問題的時候，白領女士可能不了解，而當女士談論時裝、香水、美容的時候，白領男士可能目瞪口呆。類似的談話儘管與工作無關，卻可能妨礙彼此感情的增進，如果這發生在白領與客戶之間，就可能令對方認為毫無情趣，從而降低合作的指數。為此，白領不得不強迫自己了解一些不熟悉的新聞和評論，並體驗一下陌生的生活。說不定還可能為之陶醉，並間接地增加不少經驗，而白領的「經歷」也就是在這種主動與被動地對世界的認知過程中增值的。

「經歷」不足的人即使在電梯裡遇到主管，也可能感到不知所措，五尺見方的空間裡的尷尬讓人頭疼。十幾秒或幾十秒的時間比平時的一小時還漫長，而主管的話題永遠是隨意的，更何況，他還可能在沉思著什麼問題，生怕遭到別人的打擾。說與不說、何時說、說什麼都讓白領的大腦飛快思索，「經歷」高的白領都知道，不能在電梯裡談論正式話題，

應該保持輕鬆的語氣。殊不知，平時就應注意了解同事或主管的生活情況，必要時才能夠用作擺脫尷尬的「話題」。置身瞬息萬變的職場，沒有靈敏的反應，如何定位在穩定、平和、理性的座標點呢？

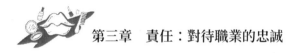

第三章　責任：對待職業的忠誠

第四章

進修：適應不斷變化的現實

一天 25 小時

　　對時間的掌握程度直接決定著一個人的成功係數，因為把不同職業的人還原到時間中去都是平等的，白領之間的較量也大都表現在相同時間內不同的工作量之間的差異。根據國際工作調查中心對世界經濟城市的 12 項工作調查顯示，大部分國家的白領每星期要工作 40 小時，歐洲人平均每年工作 1,740 小時。亞洲人在世界上工作時間最長，超過歐洲人近 500 小時，富裕地區的職員的假期更少，1990 年的日本幾乎不放年假。此外，合理地安排時間也非常重要，如果一切順利，一天可能「變成」25 小時或更多。

　　白領深知時間的重要，因為他們在童年時代都讀過有關龜兔賽跑的童話，奔跑如飛的兔子只是打個盹，就讓笨烏龜得了冠軍。更何況，如今行駛在以「10 倍速」運行的「資訊公路」上，如果不給自己上緊發條，加班地趕超對手，肯定無法在競爭的海洋中佇立潮頭。奔波在職場上的白領在忘我的同時，忽略了一個基本的醫學實踐：成人每天應該保持 8 小時睡眠，否則，精神集中程度就會下降 30％，工作品質下降 20％，能力發揮程度降低 24％。而且，睡眠時間減少的累計，會使智商係數極度降低，甚至於瀕臨弱智狀態。因此，僅僅是看重占有時間還不夠，更重要的是，設計好時間的使用效率，這樣才不會傷害身體，才不會透支生命。

　　白領不能以生命為代價去換取時間，而目前既可以避免睡覺，又可以保證健康的「免睡膠囊」還只是憧憬，其實，時間的合理規劃能夠實現其增值。白領要盡快走出徬徨的狀態，重要的辦法就是進修，也更有價值的判斷理念重新透視自己。否則，即使在睡夢中，白領也匆匆去一個地方，那裡面有鈔票的芬芳，有五彩斑斕的燈光以及醉人的酒香。在這裡，白領可能不斷追問自己：股票跌了，有再漲的時候；工作沒了，有再找的時候；愛人離了，有再追的時候。但是聰明的，你告訴我，我們的時光為什麼一去不復返呢？是有人偷了他們吧？那是誰？又藏在何處呢？

　　該離開的儘管都離開了，該擁有的卻都沒有來；在離開與擁有之間，又怎樣地匆匆呢？開會的時候，時光從我們的手勢上跑了過去；計畫流程的時候，時光從天花亂墜裡飄走了；在跟 CEO 對話時，時光又從交流表情中溜了過去，白領覺察到時光去的匆匆了，偷偷祈禱時光不要離去，誰知他又從祈禱的手邊過去，白領掩面嘆息，時光在嘆息中跑得就更遠了。在時光快速奔跑時，白領能做什麼呢？只有進修罷了，否則還能留下什麼痕跡呢？而真正開始進修的人逐漸不解，為什麼原地不動的人總在追問：聰明的你，告訴我，時光為什麼一去不復返呢？

　　美國激勵演講大師安東尼‧羅賓（Tony Robbins）在《喚

醒心中的巨人》（*Awaken The Giant Within*）中寫到：每個人都能成為命運的主人，今天就下定決心，到底在未來要成為什麼樣的人？然後為自己制訂更上一層樓的標準，提升對自己的期許，並堅定不移地去達到其標準。如果在時間的安排與理想的實現之間搭建對話的平臺，白領的勞動就充滿意義，一天 25 小時似乎成了客觀事實。

灰姑娘的童話

　　很多白領都曾經透過灰姑娘的童話啟蒙，她們快樂地雕琢之後，奔跑著去參加充滿誘惑力的舞會。那裡面有其幸福的憧憬，因為隨著自己身分改變，青蛙王子就可能跳到自己面前，「從此他們幸福地生活在一起」。由於這僅僅是一種憧憬，白領又不免擔憂，在沒改變身分見到王子之前，灰姑娘的四輪馬車就變回了大南瓜。講求包裝的白領因此離世界名牌並不遙遠，而在職場中彼此評價對方的衣著已經成了重要的交際方式，在消費時代，品牌服裝的魅力驚人。白領通常會包裝自己，她們試圖在交流中透出無聲的語言。女士西裝表達的是「我在展示，我在演繹」，而休閒裝表達的是「我是我，我很自在」。因此就不難理解，為什麼有的人年級很大，穿著卻很年輕，有的人年紀輕輕，穿著卻很老氣。這完全源於白領是否讀懂了衣服的調性，而如今的白領服飾還講求中

性風潮、街頭文化、青春動感等，毛線衣、牛仔褲等也毫不遜色。此外，值得注意的是，配飾還要統一，而皮膚護理、潔齒、香水也很重要。

多年前消費專題調查顯示：白領生活消費正在從溫飽型消費向發展型、享受型消費轉化，白領也逐漸成為時尚消費的主力軍，作為一個必然的結果，白領包裝自我的支出要增加。她們能夠從報刊、電視、網路等途徑了解到世界名牌服裝，也願意與朋友們一起參照時尚來改變灰姑娘時代的打扮，在造型日益先進的今天，品牌的考慮體貼而細緻，因為白領知道，要成為享受時尚的精神貴族，首先得成為物質貴族。白領對服裝的消費實際上是消費文化、時尚，因為這是白領對身體、心情、語言的直接表達方式，看似表象的問題其實還有深層次的內容。

這種深層次的內容其實源於白領的進修意識，在職教育似乎成了一座金礦，其中熱門之一要數 MBA 市場了。攻讀 MBA 的白領對自己的預期非常明確，投入產出比清清楚楚，按照他們的設計，剛開始開二手車，學成歸來開 BMW，那時就不用擔憂四輪馬車變成大南瓜。在職教育連鎖化、專業化已經逐漸形成趨勢，沒辦法，職業半衰期越來越短，高薪者若不學習，幾年之內就會跌入低薪！

成熟的白領都很清楚，進修是防止人才折舊的最好方

法，按照目前的發展趨勢，未來社會主要有兩種人：極其忙碌的人以及找不到工作的人。因為科技發展一日千里，就如同如今職場對英語白領的需要已經由純英語專業轉向法律英語、金融英語、傳媒英語等複合型人才，IT 業白領涉足的領域更是由單一 IT 專長轉向 IT+ 管理、IT+ 產品研發等空間。人才競爭已經從「遠距離」轉為「零距離」，灰姑娘不進修以適應變化的環境，自然不會得到青蛙王子的吻。

提升遊戲的智商指數

一個 17 歲暱稱藍色眼睛的女孩在 Line 上對我說，我們這代沒有希望了，這讓我震驚了好長好長時間。我說自己固執地看到了希望，她又拋給我一個相反的答案。她不解釋，只做結論。好在再見的同時她敲出了兩個字「遊戲」，然後是三個大大的嘆號，權作最後的思想說明，我說「懂了，886」。這裡的「遊戲」應該是極具魅力的雙關語，跨越兩個時代熱熱鬧鬧地改變著人們的娛樂生活空間，都要主流起來了。我對遊戲的不熱衷大概是受了我爺爺的影響，在我兒時住在隔壁的霍姓人家曾經租門市房開電子遊樂場，老人家經常指著進進出出的女孩小夥說，「瞧那些個不三不四的！」小時候的我絕對是家裡的乖乖男，於是也就捧著書本，很堅定地重複著：「瞧那些個不三不四的！」

後來就有些不妙了。不玩遊戲漸漸失去群眾基礎，放學的鈴聲還沒響，教室裡銅幣的碰撞聲就此起彼伏。為了能贏得更多的共同語言，我曾靦腆地拿錢給小我三歲的堂妹，讓她替我去買些「代幣」。放學後儼然行家地邁進電子遊樂場，幾分鐘下來便只剩下看別人玩的份了，嘗試幾次之後，發覺自己真不是玩遊戲的料，又不太願意讓別人欣賞我笨手笨腳的窘相，於是就不玩。這時心裡很不是滋味：我是他們遊戲的局外人。

他們絕對是遊戲發燒友，自打接觸電腦，關心最多的就是那些解密電子遊戲的小冊子，然後在螢幕上對號入座，樂此不疲。當然不免屢遭掛科之苦，記得還有家長從外地趕來規勸，無外乎一片苦口婆心，不過科照掛，遊戲照玩。看來，藍色眼睛的話代表一種聲音，絲毫也不空洞。其實，拋開遊戲「玩物喪志」問題不談，如今有很多線上遊戲是專門為白領設計的。在這個意義上講，白領玩玩遊戲，確實會令疲憊的身心感到放鬆。

但是，面對很多趣味不高雅的遊戲，白領就要潔身自好。因為長此以往地沉浸，一定會影響自己在職場的進修時間，從而慘遭社會無情淘汰。沒有人會原諒並再給你一次機會，因為在相同的時間裡不同人的勞動品質已經為他們分層了，這都源於絕對的平等。因此，白領要盡可能地提升遊戲

的智商指數，我曾經陪自己頗為心儀的女孩在玩一種「大家來找碴」的遊戲，遊戲規則是從兩組類似卻不同的圖片中找出其不同點，在規定時間內找到 5 處即得分，起初很難做出判斷的我很懷疑自己的智商指數，後來逐漸找到了感覺，得分逐漸可觀起來。這種遊戲對提升白領的分辨細節的能力大有好處，而這就如同愛情，兩隻鞋子如果不是同樣尺碼，是很難穿在一雙腳上的。

將進修的內容與遊戲的形式交融在一起，絕不是什麼難事，如今市場上有很多提升英文水準的 APP 軟體寓教於樂。其中的卡通情節讓人忍俊不禁，沉浸在這裡，白領一定會極有收穫。身為一個基本的事實，人的生存是發展式生存，白領的遊戲有了增值的價值確實是社會的進步。

把好白領的生存脈搏

白領雲集的城市是一樣的繁華，繁華的城市卻有不一樣的白領，他們穿梭在不同的職場，似乎又過著同樣快節奏的生活，對時尚的白領職業加以梳理，也是一件必要的事情。白領要把好自己的生存脈搏，就要了解目前的時尚職業都是什麼，是否適合自己，如何與自己的特長連接……這樣，他們才能在終身教育以及永遠休息之間做出決斷，從而投入到熱火朝天的進修運動之中去。「你要麼永遠不能休息，要麼就

永遠休息」，這似乎已經成了知識經濟時代的殘酷現實。

　　對白領職業的了解是後學歷時代的熱身，如今，多媒體發展的時機已經成熟，多媒體專家逐漸成為職場上的搶手人才；而隨著住房商品化發展和信貸業務的興隆，房仲之間的競爭越來越激烈，加之轎車進入一部分家庭已不再是神話，房地產、轎車、保險業務推銷員注定走俏職場。對於家庭日常生活休閒而言，具有良好學識、口才、儀態的電視節目主持人和高水準的物業管理人員也將大展雄風；此外，生活節奏的加快帶來了白領心理負荷的加重，而每萬人中僅有 5 名身心科醫師，顯然供不應求；石油、煤炭、天然氣等能源的大幅度消耗，在帶來能源危機的同時，也造成嚴重的環境汙染，可見，環保和能源專家將逐漸走俏。至於說現代企業的職業企業家和代理人對於復甦經濟的重要價值，已經在近年的發展中得到證明，社會對其需求也越來越看漲。

　　成熟的白領還知道如何利用不同職業的優勢，並參與多種職業的強強聯合，為此，還要駐足在素養培訓廣告面前，給自己尋找提升的契機，畢竟生存在一個每分鐘都需要競爭的社會。而越是不忘記發展自我，越可能覺得透過一段時間的工作，自己快被掏空了，要突破就得進修。這樣，新白領在應聘時首要考慮是：公司能不能提供正規培訓？自身能力能否得以不斷提升？高收入的同時有沒有關乎長遠發展的預

期？而職場的管理者也應該意識到，新知識的膨脹性發展迫使企業人力資源必須不斷的開發，使其知識與技能才能完成再生及再利用，否則，一切做法都是捨本逐末之舉。

事實上，有超前意識的白領有時等不及公司的員工發展規劃，甘願自掏腰包去接受「再教育」。而這種投資也確實能帶來巨大的回報，成為職場衝浪的引擎，以及跳槽時必要的「籌碼」。而「經歷」的豐富也是人才增值的必經路，同時，MBA 的聲名鵲起與學費的水漲船高，真是讓有燦爛的理想的白領感到左右為難。當然，他們都從最實際的角度出發，攻讀之前就有了能帶來高薪的預期。而不同來源的 MBA 的價值也不同。

因此，即使是進修也應該加以選擇，如果僅僅是衝著高收入，似乎還顯得失之偏頗。白領應該更多地從發展的角度來提升自己，注重經歷的提升，踏實地在本土企業文化中找到自身的價值。這樣，白領的生存脈搏就趨於正常，發展的健康指標也逐漸平穩。

走近城市高級灰

儘管當今服飾設計千變萬化，但是，在國際化大都市生活著一群穿著以灰色為主色調服裝的人。他們就如同其服裝色調的感覺一樣，柔和、平靜、文中、不強烈地刺眼、幾乎

沒有衝突，可以被理解為一種高貴的複雜而單純。很大一部分白領還不是高級灰，因為專業知識、理性框架、矜持品味還顯得不足，他們為此要不斷進修，從而躋身城市中產階級的行列。此後，累積財富的方式就會變得更加中庸，跨文化對話就變得更加頻繁，對生活的享受也會變得更加有品質。似乎誰也說不清楚她和原來的區別，但是，她知道其間一定有一種不能忽略的差異。

「高級灰」不狂躁不衝動，他們因秩序而產生了一種強烈的自律，從而提升了城市的文明程度。「高級灰」大都樂於使用信用卡，因為這是一種時尚生活方式，在「非物質經濟」的數位化時代，「高級灰」的付款方式非常講究，不願意與金錢親密接觸。城市「高級灰」熱衷於自我教育，這是其強烈的危機感和成就感促成的，他們最擔心的是自己將來有一天可能會落入低收入階層。知識經濟時代的變數特別多，比如說主管換了、公司經濟不景氣、年輕白領的後生可畏，都使得「高級灰」產生強烈的進修意識，在他們的月收入中，至少要拿出 15-20％來充實自己。有人以 MBA 為起點，在事業上開拓出一片新天地，從而改變了自己的命運。

當「高級灰」感到收入與付出不成比例的時候，他們就有加薪的要求了，如果不能如願，他們就很可能考慮如何「炒老闆的魷魚」。「高級灰」總是不動聲色、不著痕跡地演繹著

自己的時尚，他們精緻地打造著自己的「雅痞」狀態，特別是經歷過一番國外求學經驗的人，更是悄悄地向周圍的同事和主管灌輸最先進的科技和經營理念，同時不斷提升自己的能量，提升自身的市場競爭力。他們開始考慮機會成本和人格成本，給帶來自身名譽貶值的高收入工作開始為他們所拒絕，實實在在地說，他們也不是多麼在乎道德價值，而是完全出於冷靜分析得來的誠信觀念，而機會成本自然令他們觀望視野內的一切。

身為具有優越感的階層，「高級灰」以現代化素養和特長爭取較高的經濟地位，享受生活玩味時尚。他們的狀態為普通白領所羨慕嚮往，因為能出入旅館高級辦公大樓，工作環境好，收入豐厚，打扮入時，有機會進修升遷，結識有層次的各行業的人才。這也為白領提供了一種參照，靠「嗲」不能解決生存問題，盲目攀高枝也不足取，進修完全可以為自己謀得人生的幸福。當然，當這一切都謀得之後，「高級灰」的超越現實的理念：比如想像，比如夢幻，比如羅曼蒂克，自然有構成了白領新的憧憬。

置身第三波

因《第三波》（The Third Wave）和《未來衝擊》（Future Shock）而聞名的艾文‧托佛勒（Alvin Toffler）認為，贏得了一

個新的機遇，但卻未必能輕易地適應變化度過難關。關鍵的關鍵在於如何運用「第三波」的成果，如基因技術、寬頻技術等去帶動「第一波」跳躍式發展，使體驗經濟得到充分的發展。在步入「第四波」之前，完成生物技術和資訊技術的融合，以致改變對生命的了解。簡言之，人類要不斷地充實完善自己，避免思考方式、人生態度等與時代的發展背道而馳，並客觀地完成對自身得體認。

對於白領來說，在做好目前工作的同時，應該不斷地塑造自己。至少要精通兩、三種專業，了解社會上頻繁使用的話語，在三種語言之內熟練地表達。要關心最新的科技發展成果，健康地在網路中遨遊，並逐漸形成終身教育的理念。處理事務性工作之餘，著意員工福利、招聘、績效考評等的動態，找機會和專家探討提升人力資源的問題。而這一切都離不開計畫，比如說工作、出遊、買房、讀書、買車、健身、交際計畫等，計畫要趁早，以前在哪裡跌倒，就要計畫從哪裡站起來，進修方式與內容要適合自己，不要盲目趕時髦，否則，即使馬不停蹄地參加各種證書的考試，也可能難以因此產生生產力。

置身「第三波」，白領應該找到更多對話的平臺，摸清自己的發展脈搏。尤其是新一代白領呼嘯職場，應該超越傳統白領的發展模式，因為她們以新鮮獨特的身分擁有了清新

的工作環境和相對較高的收入。洋溢在她們身上的整潔的衣著、自信的笑容、快節奏的步伐以及貼身的 VIP 卡、出入證、名片夾等，加之品牌時裝、時尚期刊、筆記本、智慧型手機、平板電腦之類，透露出時尚生活的狀態和品質。為了方便多元化接觸，白領應該有自己的英文名稱，作為國際化時代的符號。

　　如果有空閒時光，白領應該加強自身的美聲訓練，因為要經常在辦公室打電話，如果只是一味地保持職業化矜持格式化禮貌，似乎還缺少什麼。白領的語言中應該不時地冒出商務辭令，比如說什麼「溝通」、「意向」、「定位」、「互動」、「零干擾」、「合作」、「第一時間」……自然能夠增強交流的時代感。從新白領的言語交際中似乎可以透視社會發展，因為在特定的社會經濟背景下產生的他們反映了時代的特質，代表著高知識科技含量、複雜的職業技能、高收入等階層。

　　「第三波」中的白領職業廣泛，一般意義上說，包括基礎研究、應用技術開發、管理、制度、組織創新職業、教育、培訓等人力資本形成業、出版、報刊、廣告、文藝、影視、音樂、現代通訊技術、自動控制、訊號裝置、多媒體等為代表的知識製造、傳媒業，此外，還有金融、法律、工程、建築、物業、醫療保健、會計、審計及檔案儲存、貿易談判、專門企劃建議等專業服務、諮詢業，以及體育、娛樂、旅遊

業等。白領不能讓自己的才智凍結，要在紛繁複雜的職業群中找到自己的位置，從而在螺旋式的發展中找到樂觀的感覺。

在書店沉浸

在我生活的這座城市，沒有專門的書店，這或多或少讓人遺憾。好在還有專門的書店，製造著一種音樂的烘托，很多男孩女孩坐在書店的地上，不知晨昏地閱讀，這畫面實在太溫暖了。即使是途徑的路人，不經意瞥見書店裡的閱讀身影，也難免為之陶醉，因為誰都願意在一個充滿書香的社會中生活。如果一座城市的白領數量可觀，就會有人在一個晴朗的午後，於某個丁字路口，和一間書店不期而遇。邂逅書店，透過落地玻璃窗或綠色的窗櫺感受書卷氣息，會讓白領感到百分之百的快樂。

書店面積一般都不大，設計風格突出的是現代簡約，線條清晰明快，空間疏朗通透，還要用大量強化玻璃。裡面的書香感覺極濃，牆上可能有燒製的粗陶片，標榜著時尚流行的話語，調侃睥睨意識流。白領置身其中，有一種迫不及待的求知欲望，氣氛太清新了，燈光太柔和明亮了，如果廢寢忘食，還能遇到晚上的歌手，直髮素淨的女孩子捧著吉他，用乾淨的眼神面對你，書店的氣質絕對是溫文爾雅。光顧書店的最佳時間應該是陽光燦爛的上午，這時的客人不多，坐

在靠窗的位子，可以跟朋友在一起，聽音樂晒太陽或者互相欣賞。讓時光流逝的盡量愜意，如果能想起捷克人的話：閒散是上帝凝望世人的一個視窗。似乎就更有品味了。

書店的存在對於白領，似乎也意味著一種慰藉，因為它提供了一種充實的可能。雖然這種格調營造的是經過裝飾化了的、刻意強調的文化氛圍，但其清雅、溫暖、柔和的人文姿態殊為難得，更可貴的是，她並不排斥物質生活的快樂。在城市的鋼筋水泥中跑累了的白領面對書店，一定有一種停泊的感覺，讓他們想不到的是，這種停泊往往成就了他們自我素養的提升，這也是書店之所以能吸引愛書人的原因之所在。白領可以在其中熱愛享受調侃物質生活，同時滿足對人文精神世界的渴求，這就如同瑪格麗特‧莒哈斯（Marguerite Duras）將《物質生活》（*La Vie Matérielle*）當作隨筆集的書名，其中的含義頗有味道。

沒有目標等於虛度光陰，白領深知這一點，沒有壓力就沒有動力，書店能把向前的力和向下的力梳理開。沉浸在這裡的人都很平靜，他們在自己因賺得利潤而竊喜時，至少會想到隔壁正有人大笑。面對羅列在音樂中的一排排書，白領終於弄明白，少數人常常被證明是對的，原因在於多數人不認真。白領應該在書中找到提升判斷力的鑰匙，因為決策就是在兩難之間做出選擇，這種能力能將不同的白領拉開差

距。從書店走出去的白領，會自覺地參加各種培訓，因為進修已變得越來越重要。

他們會參加管理類、市場行銷、法律類、商務寫作、電腦等培訓，因為冷落了培訓，很可能就冷落了自己，當今時代，哪怕一點「不當操作」都可能會造成整個管道不暢。更何況，目前職場中魚龍混雜的局面很容易把白領導入認知上的盲點，從而拒絕自我完善。書店提供了很多名人抑或成功者的實錄，這會讓白領自掏腰包提升自己的經歷，以適應更加充滿挑戰性的職業。

第四章 進修：適應不斷變化的現實

第五章

潮流：完善主流人生

E 時代的價值取向

　　不同的時代會帶來不同群體的價值取向，E 時代的白領將務實貫穿於其工作和生活中，她們拒絕作白日夢。願意周圍的群體能健康發展，真誠希望國家長治久安，並認為自身利益與國家利益高度一致。在生活態度上，白領腳踏實地，崇尚自我奮鬥。有時候忘我地不顧休息，他們認為「拚命三郎」遲早會成功，因此玩命地工作。白領的價值取向最集中地表現在職業選擇上，她們不把社會關係當作求職的決定性因素，更關心自我感受與自我實現。

　　白領在消費、精神需求、人際社交、婚戀等方面同樣務實，即使是長遠的自我實現也絕不是空洞的，她們為此緊張並且承擔壓力。白領不願在薪資上「出賣」自己，儘管她也十分看中酬金，但是，如果不能發揮自我能力，無法擁有一片獨立天地，她們寧願到人才市場尋找其他機會。這樣就不難理解，為什麼她們樂於跳槽，沒辦法，都是職業生存狀態使然。為了擁有美好的生活，白領要不斷調整職業生存狀態。為了財富自由，白領幾乎人人加班，他們精力充沛努力上進，穿梭在高檔辦公大樓，看起來外表光鮮，其實哪有那麼美麗輕鬆。

　　精疲力盡已經成了她們熟悉的感覺，可是，只要回到辦公室，立刻就會產生強烈的緊迫感，快節奏的工作迫使她們

擔憂自己會不會被炒魷魚、負責的業務有沒有進展，別人是否已經超過自己，是否在競爭中處於下風……她們知道自己從事的是前途光明的職業，為了不斷地超越自己，就得把握時間進修，在這個分工日趨專業化、競爭日趨白熱化以及經驗日漸與年紀脫鉤的時代，務實才是最大的智慧。當然，她們在奔波的同時，會遙想自己將來生活在一種幸福得不能再幸福的日子裡。這樣，在激烈的競爭中，他們面對著「實現自我」與「享受生活」這道人生難題。

崇尚成功的白領知道，知識經濟時代的人才價值在於專業特長，首先，要精通外語和電腦等基礎技能；其次，要熟識新科技以及新理念，再就要注意團隊精神。尤其在人才價值天平上，擁有特長及合作意識自然會為管理層接受，充滿創新、和諧、自由的氛圍能使員工擁有良好的現在，以及燦爛的未來。要在變幻莫測的市場中制訂並完成現實的目標，就需要所有員工高歌協奏曲，這樣才能夠贏得市場。由於專注業務提升，白領較少參加爭端，也沒有強烈的權利意志。他們已經習慣於在充滿挑戰的工作中獲得令人滿意的收入，有能力安排自己的事，並在疲勞之後享受一份輕鬆的心情。

白領生活的價值取向時尚前衛，有時也自找苦吃，苦和樂總參雜在一起。敬業的他們每天都要上滿弦，出門之前要噴一點香水，外出住在旅館要穿自帶的睡衣，用的商品一定

是有點品牌，他們活得很精緻。他們樂於在喝咖啡時談時事、LINE 私群交流以及時尚，在百姓的眼裡他們讓人羨慕，當然，這不會妨礙務實的她們自嘲，以激勵自己上進，避免停留在某種情調品味上。

拒絕做時尚東施

在這個日益時尚的世界裡，每個白領都不會甘於寂寞的。我相信，時尚正在以最後衝刺的速度進入日常生活的每個領域。走出八小時之後的職場，相互邀約：「一起去，一起去！」於是，一起開車或搭計程車到某個時尚酒吧，開懷暢飲。大談時事，天南地北。間或從視窗看著進進出出的女人孩子們，自然就又多了許多話題。在這裡，似乎可以絕對地放鬆，絕對地實話實說，彌散著天然認同的「時尚」，經久不衰。

時尚也有許多隔閡，特別是從中我們似乎也可以得出結論：喜歡跟著別人的時尚走的人是很難站在時尚的最前線的。

白領要注意有關時尚東施的錯誤版本，從而在職場來往中時尚得透明，繼而引導城市主流品味。誰能領起新一輪時尚？提出這個問題的同時，突然想起了一個與時尚似乎沒有多大關係的故事：在一個遠離城市的小漁村裡，大海退潮後不久，幾個在海邊嬉戲的孩子奔跑在沙灘上，他們把在沙

子、岩石中掙扎的一條條小魚拋向浪花，小魚很多，孩子們跑得滿頭大汗，於是，就有很多大人來勸他們，你們這麼做有什麼意義呢？每天都會有許多小魚留在沙灘上，多得都撿不完，更何況，誰會在乎你們這種舉動呢？這時，一個孩子指著手中剛剛撿起的一條蹦跳著的小魚說：這條小魚在乎！說實話，我覺得這些孩子挺可愛的，跟那些自作聰明的大人們比起來，時尚多了！

　　白領無疑要拒絕做時尚東施，因為那樣不自然，而且很可能滑稽得讓人捧腹。其實，白領無需刻意地改觀，在引領潮流的今天，時尚「盲點」們的應該盡快走上與白領交流、傳遞與對話的平臺。白領應該相信，自己就是時尚，特別是自身高層次的精神享受不必迎合流俗，否則無疑是自找煩惱。

活在當下

　　白領不願沉浸在夢想裡，儘管他們可能依賴著虛擬的網路世界，但這也只是擺脫生活壓力的心理調整方式。以避免得憂鬱症，虛擬娛樂可以放鬆神經，從而滋養精神。在務實的時代，摩登不再是新鮮詞了，雖說在六、七十年前，它代表著最流行的時尚，風光得不得了。所以有時我就想，時尚真是不得了，連自己都能 PASS 自己。

在白領生活的邊緣，有一種「高等的摩登時尚」，之所以這麼說不是說誰比誰更時尚。而是如今的大學校園裡，時尚大有市場，而接受高等教育的現代消費者站在摩登的前沿，似乎就可以稱之為「高等的摩登時尚」。摩登的高等往往表現在它的非主流。其實，在大學校園裡，這種腳踏實地的非主流或許才是真正的主流。還有一位朋友，前兩年總跟我談，將來有一天一定要實現生活 AI 自動化，每天在幾個按鈕的操作間完成勞動與享樂，當時我還笑他不羈且身陷工具理性的驅使之中，沒想到，不久他就開了家多媒體影視廣告公司，而且，前景不可小覷。看過幾家報紙對他的訪談，有頭腦有魄力等讚美之詞溢於其間，我就覺得這年輕人不錯，想法夠非主流，敢想也敢腳踏實地。

這樣，我突然感到，當年詩歌盛行時，大學校園儼然一片詩海，時尚得透明；而今經商謀職非主流戀愛了，大學校園一樣摩登。當然有時聽到些嘆息聲也是避免不了的，總會有人覺得自己在學府的學習與理想中的狀態差距太大了，但他們被當作另類，其言論像封建遺少般在高閣中束起。於是，就常聽到別人說，「現在俗了」。這倒顯出很多平和。畢竟這個年代，有很多空間可以生活，誰也不需要以犧牲個體的獨立為代價來實現理想。尤其作為一個重要事實，幾年後的她們大都要走向職場，從而將一種「活在當下」的非主流

的追求發揚得有聲有色。

她們在都市的水泥森林中領略了卡拉OK的嘈雜、舞廳酒吧的喧囂，感受了工作節奏的高品質、新新人類的「反常」之後，也許就會在那麼一天，突然地感到「村莊」是一個多麼溫暖而美妙的詞語。先是聽說城市郊區的一塊地方種了些時令蔬菜，讓都市上班族在下班後進菜園裡隨意採摘，然後按價付酬。「活在當下」的白領自然熱衷於此，在看到城市的某些片斷已顯露出紐約格調歐式風情之後，他們似乎也躍躍欲試於具有豐富民俗色彩的新都市潮流了。

花樣年華

旗袍是白領的霓裳羽衣，裝點著燦爛的花樣年華，散發著時尚的快樂。因此，電影《花樣年華》剛上映的時候，很多人都不理解為什麼王家衛的愛情裡總要包容很多無奈。那件有幾分歷史感的旗袍似乎離我們很近，在昏暗的甬道裡抑或臺階上擦肩而過，不知道應不應該愛的雙方難以讓心情平靜下來。如今，白領的愛情似乎都在天上飛，她們中的很多人都看過《花樣年華》，埋藏在心底的熱情飄浮在空中綿延不絕。當主人公選擇了拒絕的時候，白領的眼中會湧出不易察覺的淚水，花樣年華都已被旗袍遮住了，尤其是在模糊的遮與未遮之間，不得不讓人迷失自己。

很多事實都能夠證明白領並不瀟灑，在舒適的生活條件和榮譽後面，是緊張繁忙的職場體驗和難以抑制的空蕩心情。她們的花樣年華要麼活在遊戲裡，要麼活在別人的世界裡，她們沒辦法從生存競爭中分出精力和心情照顧浪漫。即使戀愛、思念甚至結婚了，她們也要做「空中飛人」，更多的時間都是自己照顧自己。當然，如果雙方不全是白領，就會有人營造浪漫來彌補不能長相廝守的遺憾。如果「雙雙飛」，把時間留在飛機、火車、電話、網路和陌生城市中，愛情就成了花樣年華中一件奢侈的事情。

有點滑稽的是，同時「空中飛人」的雙方可能巧合地在機場相遇，寥寥不多的機會讓他們覺得很難得。她們欲說還休，最美麗的年華都在緊張勞作中流逝了無痕跡，《花樣年華》中的張曼玉換了 38 次旗袍，誰知她心中的隱約可見的曲線會有多少次定格。她們有不同的船票，對方不會跟她一起走，只能矯情地各走各的。當然，在機場邂逅的她們會在茶餐廳親密地吃魚丸麵或皮蛋瘦肉粥，聊聊身邊發生的瑣事和遇到的朋友，通報了接下來的行程，可能還會坐飛機一起回到所在的城市。如今的離別似乎都成了一種習慣，如同購物、運動和上網一樣，不再有難言的苦澀。

花樣年華有時會充滿著嘆息，雖然他們的運行軌跡可能會重合在某一座城市，但是，到而立之年還沒時間經營感

情，對於白領來說，不得不說是一種遺憾。值得擔憂的是，「空中飛人」的婚姻沒有安全感，因為感覺上是一直在談戀愛，長時間不見面，思念在所難免。如果雙方都很浪漫，就可能互相背誦一段雪萊的詩：「我若是一朵浮雲能與你同飛，我若是一片落葉你所能提攜……」否則，一定感到難以忍受，更何況，現在社會上的誘惑這麼多。她們還都知道人類心理學家的證明，人感情只能持續兩年到四年，甚至會更少。

在奔波的生活中要孩子實在是一種奢望，儘管他們早就考慮過，但結果都是一拖再拖。因為不能帶著孩子飛，長時間不見孩子，孩子最後可能都不認識她們了。白領的生活如同《花樣年華》中昏黃路燈下的雨絲，雨滴很努力地砸落在地面上，匯成不為人在意的潛流。白領的生活往往都是隱忍的，在說與不說之間，他們不再搖擺。但是，無論如何，白領的花樣年華都是時尚的，永遠徜徉在潮流之中，成為普通人羨慕的焦點。想到自己的苦惱、寂寞以及傷心，她們可能會自欺欺人地安慰自己，在這個世界上，誰不疲憊誰不傷感呢？這樣，定格在時空中的花樣年華就有一種難以抑制的美，穿越在多年後的時光裡。

新青年

　　感受前衛的藝術作品，是一件很有意思的事，不必有多麼莊重嚴肅，盡情地感受光怪陸離的表現方式，解讀超乎常人思維定向好了，可能會在突然的一刻忍俊不禁。在這個多元的時代，很多藝術作品都是極具個人情結以及地域色彩的另類，作者都嚮往美好的白領生活，暫時還不被認可的她們奢望能成為文化人，這個夢有時不著邊際，殘酷的城市可能不能滿足他一頓麵包。當然，追求絕對寫真的他們毫不掩飾尷尬、平凡甚至猥瑣的生存狀態，任何參與閱讀聆聽品味她們作品的人都參與了創作，那是一種需要領會的行為藝術。

　　他們天馬行空地遊走，作品毫無章法不著邊際，卻也絕不程序化，令人難以捉摸。跳躍的思維方式很令人回味，樸素平白的透出對社會人文的深層關懷，以獨特視角闡述對生活的思考。白領往往拒絕參與這種藝術，儘管她們的工作方式、精神生活、夢想體驗都被揮灑在創作中，但是她們拒絕解讀藝術中被誇張的自己，她們是務實的。她們在意的都是被社會認定的結果，不歡迎非常個人化的行為主義創造方式，即使這種創作最真實最不需修飾加工最感人最不容懷疑，白領不會引用康德、尼采、羅素，但她們的生活中有傅柯、海德格（Martin Heidegger）抑或德希達（Jacques Derrida）思想的影子，她們在無奈中厭惡《無能的力量》。

味道

　　如今的城市增添了越來越多的白領的味道，這更多地變現在某種感覺上，正如泰戈爾感嘆的：「匆忙紛亂的絕望的年代，抒情詩女神要走上她的旅途，去赴心的約會，也得搭電車或公共汽車。」這時的味道平淡得似乎令人難以發覺，但卻又非常深刻，白領在一天的工作繁忙過後，大都對城市的格調表現出一點遺憾，有時候給自己一杯紅酒，撥通了一個熟悉的號碼，又很莫名其妙地擱下了。即使看球也很茫然，不知道他們奔跑著為了什麼，因此，白領會沉浸在民謠中：「你知不知道思念一個人的滋味，就像是喝了一杯冰冷的水，然後用很長很長的時間，一滴一滴化成熱淚。」

　　即使是面對自己的臥室，白領也可能產生一種色彩單調的感覺，住宅陽臺除了晾晒衣服兼作廚房外，似乎也是可以綠化的。白領突然覺得，在陽臺上完全可以栽種各類蔬菜水果，養殖一些水產品，這創意從內容到形式都是推陳出新的。這大概源於她們在最近的時尚期刊上看到「陽臺小菜園」和「樓頂農漁業」之後，感到實在匪夷所思，而這一切又是多麼自然而然，於是產生了操作的欲望，以給疲憊的生活一點點激勵。為了適應白領的味道，很多休閒場所也大都在改版。當在一家茶吧喝茶時，偶然看到角落裡有一個洋井模型，轆轤、水桶俱全，這時就覺得用來煮茶的礦泉水似乎更

可信些。懸掛式、移動式的種植，也很給人一種生機盎然的清新感覺。室內的這種鄉村風情畫調節環境、陶冶情操的作用也已經成為時下都市白領的某種共識。

隨之而來的就是所謂「家庭裝飾農業藝術」，白領往往根據自己的性格喜好將「田園生活」鑲嵌在時尚家具之間，諸如用君子蘭、文竹在客廳裝飾長城壁畫，在顯眼的下水管旁培土栽種爬山虎，也可以在碩大的玻璃魚缸裡養殖「地圖」、「鉛筆」等觀賞魚，加之固定式、疊砌式等美化家居的裝飾藝術，不僅活躍了生活氣氛，居室也變得清新淡雅起來了。其實，粉領有更多的時間，他們甚至提議創意把這種家居觀念延伸到街道上，普通的街區規劃設計亟待推陳出新，如果在城市綠化帶上種植蘋果、石榴、櫻桃等果樹，春夏秋冬四季不同，各種現代車輛穿梭在變幻的風景中，對於遠離鄉村的都市人而言，那將是怎樣奇妙的感受呢？

白領可能在深夜起來，突然覺得少了點什麼，因為有「吻」、「白色襪子」、「味道」襲向自己，令人措手不及。白領在捉摸不明白之後，開始學會欣賞浪漫，大都市白領的素養應該是多重的。對於一切美好事物的欣賞會提升其境界，並用多義的寬容眼光看待世界，這是深層次的文化。味道有時候是不知不覺中感受到的，可能並不直接，只是一種不願意離去的幻覺，卻又是那麼可貴。這是可遇而不可求的，白

領工作上的刻意令他們堅決要求自己在生活中脫俗，遇到朋友的生日，以電子信箱發送「虛擬玫瑰」、「空氣賀卡」和「彩虹禮物」了事。

對生活方式的自主選擇，使白領有能力在工作之餘前往喜愛的旅途上，演繹有味道的律動生命。在個性的舒展中，才可能產生真正的精神貴族，才會有她們渴望的味道。而這種味道會定格在對自己浪漫的承諾中，存在於興奮的奔跑中，那一定是非常愜意的。

與另類時裝零距離

時裝的潮流永遠沒辦法用邏輯來解釋，比如說前幾年輕薄的時裝並不為人青睞，可是在去年，半透明甚至全透明的時裝熱得不可理喻，人們可能覺得鳥都能大膽地看羽毛，何況自己呢？於是，原本只屬於臺上模特兒的透空服飾竟然令人目眩神迷地走上街頭。據說這跟擺脫壓力的心境有關，輕盈、舒適、多變的風格營造了透明的青春心情，更何況，這種服裝的品質、做工以及穿在身上的感覺都較精緻。

曾在美國發生的那場可怕的事件讓 FBI 繁忙之餘，成為全球關心的焦點，坊間因此推出一系列帶有 FBI 標示的透明服飾。儘管穿上這樣的服飾，也不會參與這種重要的職能部門，去捕捉內部的大鼴鼠；遺失機密筆記本和上百件武器，

但是，白領不管這些，他們要跟隨潮流的走向，要無所畏懼地向世界宣布自己就是城市流行的季風。

紐約這座繁華的城市，經常打造時尚的經典，帶有 FBI 標識的簡潔的服飾從這裡走向世界。這種服飾充滿藝術靈感，擁有背後的毅力和耐心的作業，構築著人們的理想形象。好在對時裝的購買永遠都有耐人尋味的境界，不至於讓人們發覺身上越來越透明時，而產生羞澀感。品味優雅、價位適中和與眾不同站在服飾潮流的尖端，在北方生活的白領也要穿上帶有 FBI 標識的上衣，走在沙塵暴中，別有一番感覺。由於版型非常好、色彩純正且不易脫色，確實引來很高的回頭率，跟沙塵暴一起襲來的模仿和追隨，竟讓 FBI 標識頗有幾分自以為美，而另類時裝也從不遵循現行社會秩序的文化價值。

如今快時尚服飾的多元化讓白領感到高度自由，她們的全部做法都不會干涉別人的快樂。為了另類而打破常規，置身於消費時代，擁有市場主動權的白領總是渴望擁有與現實背道而馳，他們可以穿著帶綁腿的老棉褲，再隨便找一個麻袋，在上面開幾個口，然後披在身上。於是，東京少女崇尚「小麥色」；紐約街頭流行時髦髮帶；米蘭的首飾標明了創作意圖；而英國更是發揚「壞品味」。

毋庸置疑，獨樹一幟已經成為服飾美學的任務，新新人

類把醜作為審美價值，反映到時裝中就是怪誕、誇張和另類設計。更何況，如今的新新人類絕不會改變自己討好別人。這樣，儘管高級時裝從來都是以法國、義大利受注視，但是，FBI 的流行引領了新新服裝潮流的時尚之款。而這類服飾又以時尚的品味，在都市被捕捉、被定格、被評說、被模仿、被改變⋯⋯甚至被嫁接到其他的風格上，從剪裁、款式、圖案，以至材質都追逐前衛，並彌漫在都市街頭巷尾。

應該注意的是，身為服裝象徵性的符號並不為所有人理解，FBI 的著裝風貌也可能擁有類似的命運。由於過於休閒而不儒雅嚴肅，走到城市廣場的時候，白領不經意聽見一位大媽在數落身邊的小孫子，沒看著前面那人背上的字母嗎？就跟電視上演得一樣，再亂跑，碰上他就爆炸了⋯⋯她們聽後感到震驚，也怕碰到他同歸於盡，更不用說去改變非主流服飾為人側目的事實了。

白領的愛情

曾在一本時尚雜誌上讀到過一則故事：一個日本人因裝修住宅而拆開了牆壁。日式住宅的牆中間夾了木板，兩邊是泥土，裡面是空的。他拆開牆壁時，發現一隻壁虎困在那裡 —— 被一根從外面釘進來的釘子釘住了爪子。主人很驚訝，因為釘子是 10 年前蓋房子時釘的，那隻壁虎困在牆壁

裡有整整 10 年了，10 年裡，牠是靠什麼生存下來的？這位日本人停止了工作，他很想知道個究竟。過了不久，從另一端又爬出一隻壁虎，嘴裡含著食物 —— 主人一下子被感動了 —— 愛情，是高尚的愛情，是生死不渝的愛情！為了與被釘住的壁虎長廂廝守，另一隻壁虎在 10 年時間裡與牠相濡以沫。

在充滿著不夜天的都市，白領都很清楚，周圍的愛情是華麗的，儘管華麗得誇張，可哥是主人公並不滿足，因為誰都不願意浪漫得做作。有時轉了個圈又越發覺得愛是異常樸實無華的，尤其是愛到深處，往往只是最平常無奇的關心、照顧和叮嚀，像壁虎那樣的呵護，或許才是世界上最幸福最浪漫最真實的事。

白領的愛情或許脆弱得像漂遊的浮萍，也許一切都在認知與試驗階段，也許一切都以片斷性來表現，可是我總覺得這似乎有些殘忍，就像拿著解剖刀面對活潑可愛的兔子 —— 任何人的青春都注定經不起蹉跎，這時我遇到了一對戀人，在緊張繁忙的職場裡，他們每天都並肩趕到辦公室，男孩粗壯的可以，眼睛裡透出與這粗壯不成比例的柔情，女孩則充滿了幸福，她們長的都不漂亮，但他們對視的瞬間，讓人嫉妒。間或在能辦公室外面的休息凳上看見他們，女孩在給男孩捶背，他們用這種方式打消著乏味。只要一有空閒，女孩

就會目不轉睛地看著男孩，男孩或者回應或者不回應，她們沒有過多的語言，但也沒有因沉默而壓抑青春，儘管不打擾別人大庭廣眾之下的動作和聲音，他們用眼睛交流著心靈，他們不是身心障礙者，可是他們知道語言與生活有時是兩回事。

人與人之間的感情有千奇百怪的表達方式，如果非要對愛情的含量進行評估，在提純的時候就可以發出疑問：在自認為是愛情的那片天地，如果抽離了世俗的虛榮、年少的遊戲、冒險，天還是不是那麼藍草還是不是那麼綠，這時體驗一種平淡如水的狀態，也好。就像小時候，我們從自己的家鄉出發，去尋找別人描述的繁華，直到我們漸漸迷失了方向，重新又回來。

網上沒人知道你是白領

白領在網路生活中熾烈地表達著自我，似乎踏上了沒有目的的旅程，遊走在現實與虛幻之間。儘管生活終究要回歸柴米油鹽，可網路生活的美麗在於過程的浪漫，思想透過鍵盤敲擊傳遞完成再加工，彼此的缺點無法察覺，醜陋在於結局的蒼白。當然，網上沒有人知道你是誰，也自然不會知道你是個白領。聊天是白領上網的主要活動，白領敲打著鍵盤，和五湖四海的人暢談。沒有任何利益的衝突，也不必考慮對方的外在，只要有共同的語言足矣。但是，白領不能在虛擬環境裡面實現

自我，生活中的困難遠比在網上交流複雜現實。

　　值得憂慮的是，如今的網路紅娘越來越多了，除了大張旗鼓婚姻介紹，各個聊天室和國際清談都設置著網戀的溫床。虛無飄渺的，遠遠的看起來，很美，這得感謝距離，近看不行，有時可能也美，但那美得讓人心疼。如果網戀也算戀愛，那也只能說是盜版的，這隱隱約約證明著廉價。廉價有時候就不能保證品質，就如同距離製造了很多朦朧，雙方都蒙著眼睛，是男是女還分不清，更別提同性戀婚外情了，網戀雙方的結合就像盲婚，靠紅娘傳達彼此的消息。充滿前衛虛幻美感的網戀擾亂了一部分線民平靜的生活，因為網戀雙方不可能對著顯示器自閉症般表達愛情，他們最終必然走出網路到現實中來昇華這段緣分，於是他們將面臨很多種可能的結局甚至嚴重的社會治安問題，網路不解決這些問題，它只是媒介。就像愛情的伺服器是現實的，兩者注定不配套。

　　網戀也可能犯性別上的錯誤，這種玩笑很有趣。類似拙劣構思的電視劇的場面有時要在新聞中出現，在網上開美顏假裝成17歲少女的60歲老太太跟陷入網中的年輕人見面了，第一句話就是，我不忍心再騙你了。這對人們很有啟發，即使在聊天室裡你內心深處的弦曾被撥響，那也只是轉瞬即逝的煙，逝如朝露了無痕。網路是一種黑箱操作，「見光死」，

或許只能感謝謊言的流行，所有不可預料的因素使你無法看到對方的眼神，不要奢求了解誰，只能心情舒暢地望梅止渴。

植物沒有土壤會很尷尬，愛情離了生活和心靈，一切都只是水中月。如果有些白領非說自己透過網路成就了一段美滿的愛情，那我說別感謝網，請感謝緣。網戀透射著一個不成文的規則：雙方只是營造精神家園，下了網彼此就是陌生人，最好誰也別見誰，網路和現實需要剝離。在網路中所付出的情感只是擺脫寂寞空虛的精神撫慰，如果抱著尋找愛情的嚴肅心態，那白領會痛苦地發現，太多的「戀人」都在這裡等著你，她們愛也匆匆去也匆匆，沒誰陪你沉醉愛河。用手說聲「我愛你」對於他們來說是太簡單不過的事，那只代表一種問候，就像說你吃飽了嗎。網路只不過在無窮的可能性中將風格各異的陌生人排列組合。

水中月是美的，但美的不等於真的，雖然你可以因為某種需要把她當成真的，那又或多或少地展現著喜新厭舊的人性。從另一個側面證明你對生活還有興趣。這時的網戀雖然不對似乎也無可厚非。然而，愛情更多的是對二人世界的穩定，在茫茫人海中找到那份是愛的感覺，呵護在生活的土壤中，用心靈的水澆灌。這時，愛情與網路正在彼此漸漸斷開連接……

極度小資

　　白領躋身中產階級之前，思考方式工作態度享受模式都極度小資，她們的閱讀廣度驚人，精神世界從來都會被各式各樣的理念填滿。白領大都品讀過《誰動了我們的乳酪》，會聚在一起談論，當然，白領不甘於平淡如水，她們要賺到比普通人多的錢，用來填滿衣櫃和書架，找到更小資的資格。

　　一般的小資收入在 26,000 元以上不等，自給自足他們願鄉間放鬆心情。言談時頻頻使用英文，往往是小資的特徵。他們不約而同地讀同一本書，看同一部上映的電影，追同一部影劇，過後現代的生活。當然，我們會在各種媒體上看到很多討伐小資的文章，儘管他們從未得罪誰，可是，要過另類的生活，就得付出代價。小資是存在於白領心態中的一種情緒，談論最時髦的事件、穿不太貴的名牌的她們對財富的無限嚮往，往往令人側目。

　　有人說，很多小資都渴望能嫁入豪門，因為嫁對一個人少奮鬥三十年。事情未必如此，很多白領都對金錢不屑，儘管不會排斥任何合法的賺錢機會。小資要享受進修的快樂，她們歷盡艱辛參加各種考試。她們要透過在職方式取得更多證書，可觀的收入使得他們不把昂貴的學費當作負擔，提升自己的努力構成了溫暖而密閉的空間。

極度小資經常暢遊在網路上，去網站瀏覽自然是常事，同時還要接收電子郵件，並仔細閱讀客戶的 Email。她們開始成為獨特的風景線，相信「數位化」不是別人的專利的她們泡上一杯香濃咖啡，在聊天室見能一字一句心領神會的老朋友。手機電話號碼至少保持兩個門號，以避免別人的打擾，可貴的是，她們穿著不奢華，生活心態更優越。

小資還可以玩酷、玩藝術、玩時尚潮流、玩化妝、玩消費、玩創業、玩貴族，生活經歷的多元使得他們或傷感者深沉、或趾高氣揚、或風花雪月、或神經質、或流眼淚、或寂寞，她們珍稀的是真正或日純粹的生命的藝術。實際上她們在不斷超越自我，白領要盡情地生活，最好到一個沒有背景的地方，營造最喜歡的那種生活狀態。這時的小資不必為流言蜚語所左右，不必事事處處做楷模，乾脆不想潮流之事。可以把頭髮染成任何喜歡的顏色，可以投入也可以不投入，只要徹底地崇尚自由就快樂。這樣，小資的快樂才能徹底，職場的體驗也才更富有意義。

白領之上

從任何意義上講，白領的上班都是一種謀生的需要，他們將合作時代的來往表現得很直接。因此也增加了各式各樣的煩惱，SOHO 族的出現讓一群人從從容容、瀟瀟灑灑地回

家謀生，他們與粉色事件無關，卻被人曖昧地稱為粉領女性。他們使為女性該不該回家當全職太太而爭辯得不可開交的雙方停止了爭吵，她們不必如白領般朝九晚五，粉領女性可以信馬由僵真趣獨享怡然自得，她們間接地完成交際，素面朝天地與客戶通電話發資訊談生意，即使當時臉上正敷著面膜也沒人干涉。

出於物質生活的考慮，粉領的生活品質在白領之上，因為自由創業是很多人的嚮往。粉領女性的特徵是大都與電腦有關，她們借網路開闢事業，豐富著資訊產業和電腦科技的發展。毫無疑問，她們大多是用腦階層，從事自由撰稿、廣告網頁服裝設計、珠寶陶藝等工藝品推廣、產品進出口貿易、管理諮詢等，她們大多受過高等教育，追求個體價值、提倡勞資公平、接受市場挑戰。如今，越來越多的白領開始厭煩公司刻板的規章制度和複雜的人際關係，紛紛選擇做粉領女性。而事實也是如此，把有才氣、高素養的白領圈在辦公大樓裡，是對他們個性的封殺。

因此，有社會學家預測，用不了多少年，看似漂亮的辦公大樓會空空蕩蕩。有時候，白領成為粉領簡直就是巧合，為了保證持續、鮮活的創造力，粉領應該經常安排自己度假，到神往已久的地方旅遊感受，……粉領生活在契約之中，雖是在家工作，但是自己要對自己負責，在這個意義上

講，最大的自由往往意味著最大的不自由。長此以往，粉領會變得非常成熟，也很難回到白領的生活世界。更為難得的是，粉領把工作帶進家庭，在做著賢妻良母的同時，把事業做得蒸蒸日上。如果一切順利，還可能在家開設公司，享受創業的快樂。

當然，粉領也有自己的苦澀，雖然高效率無約束，但並不是所有的時候都有穩定收入。特別是當客戶知道她們勢單力薄時，就會存心殺價，甚至還可能賴帳。在投身 SOHO 之前，她們已經具備了在社會上立足的個人資源、單獨挑戰的智力和技能資本，但是，面臨許多棘手的難題，她們未必有平淡從容的心態。變是唯一的不變，未來有許多不確定因素，更何況，粉領不會有公費醫療、養老金、退休金和公積金等福利。在某種意義上講，SOHO 讓粉領進入橡皮筋似的工作狀態，寂寞、壓力、情感互動似乎都得去忍受，在舒適的同時，似乎覺得缺少了什麼。

白領是被社會格式化的美人，多少有點千篇一律，粉領的情趣愛好極其個性化。在感情問題上，粉領很希冀真空中的都市裡稀有的絕對的愛，大悲大喜的感情衝擊使得她們彌合創傷的能力不如白領。粉領之上還有金領，她們高貴強幹，令人產生一絲敬畏。她們大都在國外攻讀過學位，精通業務，組織能力也很強。金領的年齡一般要高於粉領和白

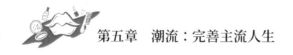

領，她們憑藉高素養和對生活的感悟力贏得尊重和認可，她們的收入也很高。生命時刻都透出味道，在感情問題上更加順其自然隨遇而安處變不驚，遭遇挫折時，她們願意獨立解決問題。在人潮洶湧、紛繁忙碌的都市，不與任何朋友保持經常連繫的他們似乎顯得清高，她們帶給人的經常是出乎意料。

第六章

現代：站在時尚的邊緣

放到碩大無比的海裡

記得《莊子》裡有這樣一個情節，莊周與人討論碩大無比的葫蘆該如何處置，最後的決定是把它放到碩大無比的海裡，讓它漂著。當今很多到繁華都市打拚的人都有一種漂泊的感覺，有勇氣挑戰自己的她們置身碩大無比的海裡，漂著。白領在職場上可能也有一種漂泊感，她們要生活得有聲有色，就得讓自己動起來，煉五色石造時髦話觸不周山，累了就伸個懶腰，這時身體好像快要飛了起來。

白領不願意扎根在辦公室裡，讀報紙喝茶水閒聊，她們要有氣派有格調的在都市穿梭，時空對他們並不重要，在某個陽光燦爛的午後，她們可以到辦公大樓二層咖啡廳會客戶。在靠近窗戶的位置上，點一杯「藍山咖啡」，然後打開筆電開始辦公。流連於美酒佳釀之間，浪跡於名商巨賈之林，交換在不同的語言之中，他們可能已經超額完成了任務。如果計畫完善，她們會為自己安排度假時光，甚至把家安到城市邊緣地帶，突破鋼筋水泥的叢林，回歸思想的田園。

無論如何，白領的漂泊都意味著一種傷感，拎著考究的筆記本，穿著筆挺的西裝，操著一口流利的外語，散發著自豪灑脫味道，可是在這浮華下跳動的可能是某種忐忑不安。白領經常會感嘆自己的人生，有時候坐在市府廣場的臺階上，已經在這座城市奔波了幾年的她們仍然覺得自己是異鄉

人。甚至有人晚睡早起辭了工作，到異地參加各種考試，屢戰屢敗仍不言放棄，如果雙雙打拚，其中只要有一個人成功，她們就都感到做得值。他們只租房不買房，只搭計程車不買車，喜歡在城市之間移動，以搬家為樂趣。

她們每天在機場、月臺、碼頭尋找夢想，被潮水般吞吐著，最後都消失在城市棋子般的建築裡。穿著可能越來越「土氣」，因為這是一個「土氣」時尚的時代，從某種意義上講，也意味著對城市文明的厭倦。

漂泊時的賺錢方式獨特，可能一段時間阮囊羞澀，可能一段時間被很多公司通知去取錢。有的時候都可能忘了應該賺多少錢，因為忙碌讓自己機械地注重工作的品質，這似乎給別人的盈利製造很多機會。可是一旦發現自己遭受到損失，她們會立即結束合作，因為誰都渴望安全感，而如今的機會到處都是，就看你如何取捨，漂泊的白領不願意捨近求遠，其實，在拚命工作的每一瞬，她們都沒忘自己漂泊的目的。

當代白領檔案

分辨一個人是否為白領，其實有很多參照標準，從白領檔案中可以了解大概。白領的職業分布有規律，他們工作在外商代表處、外貿公司、外資銀行、證券公司、廣告公司、期刊社或外資公司，月收入普遍在 50,000 元以上。有一定

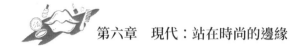

資歷的白領都不擠公車，她們願意搭計程車。白領的外語水準都不錯，體態語也很豐富，基本到了不做手勢不足以表達自我的程度。為此，她們要變換坐姿，以找到良好的交際感覺。白領離不開手機、筆電，願意到國際購物中心或名牌專賣店選購服裝，他們有時從內褲到大衣都買一個品牌，月平均消費大概在 10,000 元左右。

白領都願意吃速食便當，其實，速食的消費程度也不低，為了熟悉法國牛排、義大利披薩、日本生魚片的正宗吃法，她們會在城市中最有品味的餐館揮霍掉薪資中可觀的一部分。白領一般都不開伙，因為沒有時間精力心情，每逢週末，她們都可能獨自或呼朋引伴地到高爾夫球場、保齡球館、桑拿中心、酒吧或茶樓消遣，類似的消費方式把她們和普通人區別開來。當然，她們家中也備有健身器材，偶爾使用的時候，還會同時收看健身節目，他們很關心運動健美類期刊，除了已經為大多數人認可的魚油和維他命，他們一般不吃任何補品，為了不擔憂自己的健康，她們隔一段時間就要到醫院健康檢查。

其實，最好的排毒養顏方式就是到大自然中舒展精神，呼吸清新的空氣。可是，白領為日常事務所累，在恆溫的辦公大樓敲鍵盤發傳真翻看備忘錄準備工作計畫，就忘了與大自然親近的必要。白領有良好的藝術感覺，她們熱愛芭蕾

舞、交響樂、油畫、書法、搖滾，這極好地塑造了她們的氣質風度品味修養，物質裝飾了精神，精神造就了物質，白領的戀愛非常另類，總體上非常隨意浪漫，他們願意相信「一見鍾情」。白領結婚大都很晚，一旦確定婚期，就意味著距離成功的時間更近了。

白領在職場要保持高智商地工作，雖然不必經風霜日晒，卻要承受猜疑嫉妒考核。很多問題都不可預見，她們要可以地注重「雅痞」包裝和形象，保持交際的水準和品味。「女人穿款式，男人穿品牌」，他們認為香水、香菸、打火機的品牌都會影響談判的品質，因此會花幾百元買兩顆鈕扣。他們在生活中懂得取捨輕重，卻要自覺或不自覺地去漂泊，漂泊是一種資格，趁著年輕，沒有拖累，有機會創造奇蹟。她們有時候被稱為「隱士」，因為在自己感興趣的領域之外，他們只是「苦行僧」。

白領把工作當作創造生活愉悅的重要因素，奮鬥的意義已經超越了賺錢，他們更需要一種被別人羨慕的簡單的滿足感。她們在繁忙之餘，也會因對閱讀而獲得某種真實持久的期待，即使累到極處，也會在沉睡中憂慮被欺騙拋棄。有時候，他們覺得自己就如蝙蝠，在鳥類和獸類兩邊都不得意。又要做出令人刮目相看的成就，又想過自在愜意的生活，總是兩邊不討好，無法擺脫得此失彼狀態。白領都聰明地與人

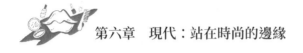

為善，老朋友聚會會讓他們津津樂道好幾天，端著酒杯哭著唱老歌回憶舊事。

愛你在心口難開

　　在職場生涯中，白領經常發覺愛會在某個莫名的瞬間襲擊自己，措手不及帶來的自然是擦肩而過隨風而逝。愛情是一個令白領感到苦惱的動詞，因為同樣奔波的雙方很難給對方帶來穩定，於是就化作心中柔軟縹緲似乎又很有幾分痛楚的高貴。因此，很多白領是相信緣分的，相對於找一個並不知道自己愛不愛的人，還不如等待在遙遠的彼岸朝自己馳馬奔來的王子，在吻自己額頭的那一刻，讓沉寂許久的愛情甦醒，那一定是人生中最快意的事。

　　有一則故事很值得白領解讀：古時候有一個出身豪門的美麗女孩，多才多藝，媒婆快把門檻踩爛了，但是她覺得還沒見到真正想要嫁的男孩。直到有一天，她在廟會擁擠的人群中，看見了一個男人，女孩突然覺得這就是她苦苦等待的男人。可是廟會太擠了，她無法走到男人身邊，眼睜睜看著男人消失在人群中。後來，女孩四處去尋找，但男人就像是蒸發了。無奈的女孩每天都向佛祈禱，她的誠心打動了佛祖：「你想再看到那個男人嗎？」女孩說是的，佛祖告誡她為此要放棄現在的一切，女孩願意。

　　此後，女孩修練五百年，變成了躺在荒郊野外的石頭，四百多年風吹日晒苦不堪言，女孩難受的不是苦寂，而是四百多年看不見一點希望，這讓她快崩潰了。第五百年到來時，採石隊把她鑿成了一塊巨大的條石，運進城裡做成了石橋的護欄。就在石橋建成那天，女孩看見她等了五百年的男人！他很快從橋中走過了，當然不會發覺有一塊石頭正目不轉睛地望著自己。佛祖問女孩滿意了嗎？女孩反問為什麼自己只是橋的護欄？如果被鋪在橋的正中，那就能碰到他了！佛祖說：「你要接觸他，還得修練五百年！」女孩願意。

　　無悔的女孩變成了一棵大樹，立在人來人往的官道上，女孩每天都在四處觀望，無數次滿懷希望的看見一個人走來，又無數次地希望破滅。日子一天天過去，女孩逐漸平靜了，她知道最後一天男人一定會出現。又是一個五百年！女孩知道他就要來了，心中竟然不再激動。他來了！穿的還是白色的長衫，臉還是那麼俊美，女孩痴痴望著他。天太熱了，他走到大樹腳下，靠著樹根，微微閉上了雙眼，他睡著了。他就靠在她的身邊！但是，她無法告訴他這千年的相思，只是盡力為他擋住熾烈的日光。千年的柔情啊！男人睡了一會兒，拍拍長衫上的灰塵，在動身時抬頭看看這棵大樹，微微地撫摸一下樹幹，然後頭也不回地走了！

　　就在他消失在她的視線那一刻，佛祖又出現了：「你是

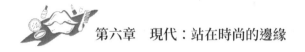

不是想做他的妻子？那你還得修練⋯⋯」女孩平靜地說自己想，但是這樣已經很好了，她追問男人現在的妻子是不是也像自己一樣受過苦？佛祖微微點點頭。女孩說自己也能做到，但是不必了。」這一刻，女孩發現佛輕輕地鬆了口氣。女孩詫異佛也有心事。佛的臉上綻開了笑容：「這樣很好，有個男孩就可以少等一千年，為了能看你一眼，他已經修練兩千年了。」

「渺萬里層雲，千山暮雪，只影向誰去？」白領應該知道，生命總是平衡的，以一種了解或不了解的方式。於是她們往往什麼都不會說，儘管強烈地渴望全新的生活覆蓋自己，其實當好男孩看上女孩時，自身優勢竟然不知如何發揮，幽默、博識、開朗的自己變得尷尬、口吃甚至一片空白，殊不知，恰恰是這種一片空白一塌糊塗才是愛的極致的表達⋯⋯

七色光的回歸

當包裝界逐漸理解了減法的價值時，人們就從沉重的衣裝中解放了出來，從而還原到自身的塑造。於是就有了人體彩繪，接著就是電腦繪畫，一股穿透力彌散開來。美侖美奐的人體在繪畫手法裡又融入了高科技的空間感與動漫技巧，不得不令人驚豔地震撼，輕靈曼妙抽象怪誕清新淡雅濃墨

重彩，反正是幻影交錯虛實相生亦真亦幻。當自己成為藝術品，一定有一種說不清的好感覺，不知是創新的膽識還是藝術摸索上的跋涉，反正讓人眩暈著快樂。可是，這種彩繪的程度還不夠，因為還不夠透明，於是終於就遭遇了裸體寫真。

　鑑於這種消費的品質和勇氣，一定少不了白領的參與，他們面對著青春玉女明星的寫真集，總要躍躍欲試。如今機會來了，花 3,600 元寬衣解帶，讓攝影師多角度拍攝，好不忸怩羞澀。她們的理由很充分：趁青春把自己最美好的姿態，永遠保存下來。在這個自我的個性時代，白領的男友也不在意女友春光洩漏，因為每個人都有做自己喜歡的事情的權利。當然，這種前衛也並不為全部白領所認可，他們可能還不能接受三點式，但無論如何，一部分白領關於拍全裸寫真的嘗試，已經大聲宣布了青春不留白。從化妝的意義上講，她們給自己上了透明妝，使「調色盤」逐漸簡化了。

　從五顏六色千姿百態到透明，似乎也印證了一條宇宙的物理規律，七色光匯聚在一起變成白光。這種白光準確地說是透明光，每個人都融在這片光裡，感受生命的美好。如今的「透明」已成為不可抗拒的潮流，連工業設計、建築、室內裝潢等也受此影響，或許城市太嘈雜，人人都想讓自己透明的純潔，也把別人看個通透。為此，巴黎著名的時尚雜誌

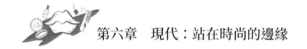

去年歲末整本只有一個主題——透明，而且是以幻燈片的形式，放在半透明的盒子裡送到讀者手中。時裝、配飾、妝容、女人、男人、老闆、職場、戀愛、孩子、婚姻……一切都在透明中深刻，生活中的透明隨處見。

白領有時禁不住這樣的設想，在某個休閒的午後時光，讓外套、鞋子、手錶、手提包、手機、雨傘、心靈都處於透明與半透明之間，那時的整個街道似乎也都要透明了。要是人與人之間每天都透明的來往，該會有多好，多元化時代化繁為簡已經是大趨勢。

音樂飢渴

白領的生活是規劃過的，他們可能充滿熱情地在冬天曾送給自己一句話：春天花會開。可是，春天已經來了，有很多美好或不太美好的事物次第開放，卻不是他們心中的花朵。而當白領正慨嘆的時候，突然又在不經意的情況下接受了一個事實：電腦的硬碟壞了，最直接的結果是其中儲存的稿件、計畫、資料等危在旦夕，其全部意義在於其生命的第二十幾個年頭中的大部分時光在瞬間暗淡。這讓白領暫時忘記了春天沒有開花的事情，而煩躁的心情卻也因為春天的不開花而逐漸升級，但無論多麼煩躁，白領都知道當務之急是趕快拜託一位電

　　路過嘈雜市區中的一家花店時，白領突然聽到一首法國曲子，是詹姆斯・拉斯特（James Last）的《天堂鳥》，由於它伴隨了白領年少時代的幾個春天的故事，突然地讓白領產生一種傾聽的衝動，而又不可遏止地思念起《恩雅》，它賦予人大海般的胸襟，讓你思考生命之輕與瓦罐之重，然後，白領就豁達地任自己的心靈去流浪。白領感到了一種音樂的飢渴，他告訴自己趕快回家，消解來自心底的空虛，給自己調一杯紅酒，一個人，靜靜地聽曾經最熟悉的曲子，讓一股滾熱的激流在心中流淌，生命大概會因此而從容起來。

　　在近乎天籟的包圍中，白領察覺個體的人在渺遠的宇宙中如同塵埃，而生命的每一個細胞都應該成為快樂的奈米。白領完全沉浸在這裡，似乎忘記了全部的不快，過去的和正在發生的。就在這時，電話那邊傳來了美好的聲音：硬碟的性能恢復了，而且，電腦專家還幫白領做了備份。看來，生活中的美好要用積極角度審視，臭豆腐這玩意聞著臭吃著香。這時外面下雨了，白領有一種淋漓的衝動，而且也確實走出家門，在雨中悄然漫步，任雨水順著自己的衣襟流過，這樣的時間越長越好。

　　因為白領知道，明天的他不可能仍然生活在音樂中，生活是實實在在的。而第二天來到辦公室的白領並沒有感到乏味，他突然覺得生活中處處是蕭邦、貝多芬、孟德爾松，只

是自己沒有傾聽到。而且，如今操作簡便的管理軟體風起雲湧，白領在迅速掌握的同時，安裝了音樂播放的軟體。並運用得得心應手，白領在音樂中工作，逐漸捕捉到了自己的前途命運，就成了同事們眼中的白領中的「白領」。他們開始體會到自由，在體驗中除了一般的感官體驗和階段體驗外，還產生了深層次的生存體驗。

白領之間

白領之間的來往很耐人尋味，因為彼此間既是競爭者又是合作者，做事的目的類似卻各有自己的打算。因而在見面時總會說出很多無效語言，比如說誇獎對方的衣服胖瘦年輕，總之與實質問題無關。一旦無意間談到具體的問題，大家往往沉默不語或者轉移話題，很微妙。為了博得對方的好感，白領在做類似誇獎時，還要具體說出怎麼好。比如說衣服色彩搭配圖案式樣大方美觀等，白領也知道最美麗動聽的讚美辭，應該發自內心的深處，但是，為了減少不必要的摩擦係數，他們多數時候只能說著言不由衷的話，帶著偽善的面具。

白領之間的競爭結果在於薪水的不等值和升遷帶來的差距，不同的公司在人才、投資成本等方面比拚，白領就要在能力上爭奪機會。由於經濟發展日益蓬勃，在同一間辦公室工作的白領之間收入可能差兩倍至三倍，這產生了心理不平

衡。這有時也促成了白領的跳槽，因為她們要為前途負責，以提升各方面的期待值。即使各方面做得都不錯，已為朋友及同仁崇拜，白領也仍然感到職場即戰場，她們會感嘆生活不是一團麻線，但彼此之間總有能解開或解不開的小疙瘩。更重要的是，無論有多少困惑，生活還得繼續，而明天也一定會更好。

社會上對女祕書一直有很深的誤解，以為他們走的都是旁門左道，儘管也有著一層問題，但祕書的困擾可能更多。因為跟著老闆風光，一般員工對祕書的印象一般都不太好，這不排除其中有很多的誤會。祕書被塗上光環與職場收入的微妙分不開，而且，事務的繁雜、應酬的頻繁和工作的繁忙使得她們沒時間戀愛結婚，即使結婚了也都不想生孩子。因為她們不想有負擔，不願意有懷孕時的臃腫和難堪，不想盡太多的義務，更不想被生活的鎖鏈所套住。更何況，她們還很在乎自己的形象，熱衷於形體的完美，這又讓一般員工懷疑他這麼做的目的。

白領之間缺少內容的交談非常重要，他們可能就同一話題談了很長時間，本已沒什麼可說的了，但是還在交談，因為不交談會有更多的麻煩。她們交談的目的並不是交流，而是我們關係挺不錯，今後找機會合作雙贏。職場的實戰經驗是「王牌」，同事的眼光已日益「挑剔」，來往更多的考驗是

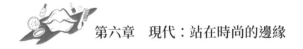

否具有敏銳的觀察力。白領之間應該保持積極態度，否則一定會感到疲憊，與其說是疲於應付，還不如說是心累，職場變幻莫測的遊戲規則讓白領頭疼。而且，一切按規則做事，熱情憧憬互助被日月「洗禮」了，來往在他們心中就是「流水作業」。

因此，白領對來往並未感到不舒服，也沒感到有多麼舒服。特別是面對有多年傳統白領，剛進職場的新白領不適應於她們的自以為是，按社會學的觀點來說，邁入巔峰期的人經驗豐富人格成熟精力充沛，完全應該利用這個年齡層調整自己，去開創另一片勝利。何苦總對新白領的各方面都看不慣，不同時代有不同時代的價值判斷，誰也沒有權利根據自己的願望去擺布別人。這樣，當傳統白領感到自己的話已經讓新白領當作耳邊風的時候，要麼承認新白領的個性價值，要麼就做新時代的陳舊思想。但有一點要清楚，新白領不願意給誰面子，絕不會在高興的時候抑制自我，如果傳統白領因此感到苦悶，那也完全是自討苦吃。

獨身頂客

任何白領都有自己的電壓以及馬達，繁忙的職場經歷使她們電壓忽高忽低，而心靈馬達功率的大小決定著她們的發展契機。遊刃有餘地穿梭在不同客戶之間的白領心靈馬達的功率很大，他們得找個能夠與之匹配的電壓，女友不僅要漂

亮聰穎能幹，還要做賢內助處理突發事件。而智商和 EQ 都不夠的白領男士並不需要很高的電壓，只要女孩賢慧本分就好，《創世紀》中上帝說：「一個孤獨的男人不好，我要為他創造一個適合他的幫手。」「為他創造了一個女人。」這裡又沒說漂亮的或智慧的女人，因此普通白領要求不高。

但是，一旦馬達和電壓不匹配，白領就寧願獨身。因為不匹配不僅發揮不出最佳的效率，還可能造成彼此的損傷，有一個重要的事實是，白領是一個電源，能量不斷蓄積與衰減，常常導到電壓和馬達的改變。之所以提倡大功率的馬達配以穩定的高強度電壓，完全在與雙方可以在上進的過程中，透過汲取知識和培養氣質魅力，達到能力的提升與情操的昇華。手把手肩並肩的時候，他們知道，彼此意味著整個世界。而面對一味地撈取大千世界的燈紅酒綠的人，誰也不會有強烈的感覺，除非要因此獲得什麼。而且，很多事實證明，無止境賺取花花塵世的紙醉金迷，會使電壓和馬達的潛力為零，無法啟動未來的歲月。

獨身的時光都可以在外面度過，自己不必做飯，在速食店完全能夠解決問題。飯後可以找一家茶點、咖啡館或商場的休息區，品著咖啡、吸好菸用鉛筆寫字，由於是業餘時間，就可以塗抹點詩歌、電影或哲學。還可以幻想未來生好多孩子，沉浸在無以比擬的浪漫之中，從而對生活更加寬容

自信美麗。為了達到這一目標，白領的轉變超出一般的想像，但是一般都會放棄，因為品嘗甜酸苦辣時，他們覺得生活太難了。還是不要承諾輕易給人帶來幸福快樂，首先看看自己能不能在相對長的時間裡保持事業的穩定收入的可觀，否則就是說空話。

如果白領成功地找到了另一半，也很難立即擁有寶寶，這一方面因為工作繁忙，稍有不慎就可能失業；另一方面是長期在辦公大樓工作，處於「亞健康」狀態。即使是「高級灰」也得在恢復之後迎接新生命，這種事情想起來就讓人煩惱，於是，白領乾脆過「頂客」生活，人生只有情愛，至於說父愛母愛是很陌生的。其實，這種不負責也意味著最大程度上的負責，家庭中多一位親人，就要多一份關愛，而白領的緊張工作沒有給她們的日常生活提供條件，在這個意義上講，白領是很傷感的。好在她們熟悉了「頂客」的世界，並逐漸找到感覺，那還強求什麼呢？

30 歲就已經老了

知識經濟時代的白領在享受極速動感，他們之間的代溝的時段以一年為公司，絕不是以往的以一代為公司。孔夫子曾說過「三十而立」，到了這個年齡還沒立起來的白領肯定感到焦急，「白了少年頭，空悲切。」時間對誰都是公正的，歲

月催人老，「紅了櫻桃，綠了芭蕉。」撥開雲霧見彩虹，還沒到 30 歲的白領為了盡快進入管理層，拿到高薪通行證，開始考取各種證件，尤其是 MBA 學位。

她們大都讀過《刺鳥》（*The Thorn Birds*），這本書被譽為澳大利亞的《飄》（*Gone with the Wind*），講述的是一種近乎完美的生命價值的尋找。刺鳥每到黃昏時分，就會尋找那棵樹，那棵樹上面滿是荊棘，刺鳥在找到的那一刻，一頭插向它，同時發出婉轉的歌聲。曲終而命竭，直等到最後的一滴鮮血流盡，書中告訴人們為了理想可以不惜生命地追求。白領也渴望追求完美，可是 MBA 要他們天天和對手以及市場勾心鬥角，而且要投入大量精力和學費。市場行銷、風險投資、財務管理和人力資源管理對於低起點的她們來說，意味著很長一段時間的摸索，還要在日後領略實戰的經驗。

剛進職場的新白領一般都受過良好的職業訓練，他們了解真正的管理，這就使得憑多年經驗和傳統做法處理問題的傳統白領感到壓力。其實，她們也剛剛 30 歲，可是以遇到更年輕的新銳，她們就覺得自己已經很老了。她們在回顧經歷的時候，開始悔恨自己為什麼荒廢了那麼多寶貴的時光，為什麼沒有去接觸真正有效的管理，而盲目地認定了傳統的模式。競爭越來越激烈，面對市場和內部機制的轉型，白領對自己年齡的恐慌絕不是矯情。他們開始擔憂自己的品味是否

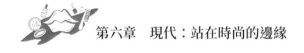

還能跟上時代，擔憂「格調」被年輕一代所壟斷，擔憂自己不能適應新文化的強烈衝擊……

隨之而來的是，白領對薪資不再看作唯一了，他們更在意發展的潛力。如果能提升生活品質和幸福的指數，他們一定會奔波著前往，因為錢多不意味著快樂。如今，白領的外語能力、專業知識和敬業精神都為他們在競爭中贏得一席之地，有時候競爭變成了堅持或機遇的捕捉以及另類的操作。30歲以上的白領中有很多人開始穿保守型西裝、標準的白色襯衫和精緻的領帶，他們不再穿得花枝招展，取代青春活力的是體面合宜。開始思索競爭公司創立的年代、規模、產品，以及市場定位、占有率、主要客戶、近三年的成長概況。

他們可能還要關心企業文化和目標，甚至組織概況發展的潛力等，至於說速食漢堡文化，已經化作了她們嘴角的一絲不易察覺的表情。他們是應試教育的產品，當自身的有用價值完全被消耗在商業機器的運轉中時，她們寧願長醉不起，在某一個清晨被人問「你是誰」，是一件不輕鬆的事情。生活節奏決定了她們的青春，她們從關心價位開始忘記品味，財經專業雜誌占用了她們絕大部分目光，從履歷表上可以看出，他們不是在念書就是在工作。其實，很多人只是領悟了皮毛，因此會跟新白領或者長期鑽研的同事拉開距離。不平衡的他們感到衰老，殊不知，年輕永遠都應該是心靈底色。

白衣飄飄的年代

　　記得在念大學的時候，中文系的一幫才子佳人排演了一場話劇，那時候熱情似乎比現在要高，但是機會很少。於是，影像資料沒有被保存，要是在媒體繁盛的如今，肯定會面對可觀的圖片或影像資料回味青春流逝的美。如今，參演這部話劇的很多人都成了白領，不只在懷舊時作何感想。其實，她們未必有時間懷舊，但白衣飄飄的年代似乎還難以忘記。那次演出之後不久，我就來到了一家報社，在實習中感受職場生涯，從這也記者、編輯和實習同事身上領悟到了不少白領時代的行為。

　　對以前生活的回憶歷歷在目，往事大抵就發生在昨天，而每個人對生命的掌握都可以延伸出不同的命運。之所以產生這種感覺，大概因為進步的不明顯，在報社實習期間，我結識了一個叫小葛的實習同事，每一次見到她，都能明顯地感受到她成長的痕跡，特別是這種成長速度已經讓我感到自身發展的緩慢，這是一個讓我自信不起來的事實。誠實地講，小葛的起點不高，這使得我曾經懷疑她是不是有些笨，在我們實習期間，她甚至沒有獨自完成過一篇稿件，其實她的文筆並不賴。而我每天看到的最多的是她在打水或協助其他記者找資料，其實我也可以做類似工作，只是由於性格的內向，我不知道該如何表達。

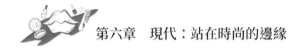

　　直至快結束實習的時候，我突然發現，小葛透過實習學到了很多，這一點大概超過了我。實習結束後便失去了連繫，直至有一天，小葛來電話說自己換了好幾份工作。在這個千變萬化的時代，她仍然平淡地生活著，用每一滴汗水贏得對方的信任，後來終於在一家出版機構找到了一份很適合自己的工作，儘管薪水不高，可是每天跟書相伴，對生活品質的提升很有好處。這樣的話語很難讓人感到漂泊的意味，而且這種對生命的認知讓我感到她的成熟，特別是這種成熟背後還蘊含著一種友善。之後不久的 Email 更加印證了這種結論。

　　「小臧：在這個依舊百無聊賴的午後，意外地讀到你的文章。又感受到你的充實飽滿的生活態度，讓人相形見絀。認識你是我的幸運，真的，沒必要掩飾你給我的深刻印象。一直想和你連繫，看過你的一篇談朋友通訊的文章，想來你忙碌的腳步一直奔波不息，便一直把難得的友誼保存在那令我們相識的 11 樓。你是我的實習同事，還有，你是我的朋友。願能見證你不凡的奔跑的軌跡，相信真正美麗的生命定會由你呈現。最後，祝我們都好。」「祝我們都好」，這是我所得到的最真實也最誠摯的祝福。

　　如今，在匆匆活命的狀態中，友誼實在已經成為一種奢望，正因為這是一種奢望，我們在無限地消解著友誼的價值，甚至蛻變成某種交易。置身浮躁的時空，小葛的處世態

度或許令人感到過於單純，但是，你不得不承認，老實是最大的智慧。在學生年代，這種欲望不高的智慧恰恰完成了對生命的品讀，如果白領深入了事物的本質，完全能夠做出判斷：這樣的智慧讓人生變得積極，每天變好一點點，這是很容易卻也很難實現的目標，其中有不易察覺的穩定和踏實，也正因為如此，白領可以慨嘆，曾經的自己竟然在對未來的不懈追求中，離幸福越來越遠。

遊刃有餘 DIY

一種行為有所普及之後往往就有了文化的屬性。像自助餐、自助旅遊一樣，DIY 也無外乎是一種另類休閒。這就時尚得很，大魚大肉吃膩了，現在得意小蔥大醬的人就不少，更重要的是，在這種拆拆裝裝的過程中，恰恰展現了一種精神。工業文明以來，人們漸漸陷入工具的包圍之中，工具理性憔悴了人們的身心，甚至有些人本身也成了工具的一部分，這無論如何都很悲哀。於是就有人說，工業文明每前進一步，人類的天性便被虐殺一寸。對於白領來說，年齡的 DIY 意義重大，其實，生命是一個重疊嫁接的過程，如果 30 歲了還有 20 歲的活潑，同時有包容 30 歲本身的成熟，那一定會逐漸接近完美。當然，他們還要在服裝的意義上完成 DIY 的實踐，在商務、旅遊、運動、鄉村休閒裝和西裝、

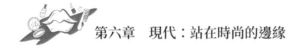

籃球鞋、領帶、經典短袖高爾夫運動服等之間找到嫁接的方式。最好能夠隨意大方有親和力，不簡單局限於正統規矩，同時在各種場合都深具品味。在春風得意的時候，白領是最瀟灑的，出眾的能力和魅力在 DIY 中盡情地展示。那時候，一切都不再單調，白領在精品的世界裡遊刃有餘地走向成功。

來杯白茶

　　白領在盡責任地走路的同時，將浪漫身為高蹈其上的理想，他們不是泥做的。浪漫者極恨實用主義，這與白領的工作間相悖，他們願意在娛樂時用詩意享受過程的無限風光。否則，白領就可能疑問，自己是不是老了？繼而悲觀地認為一生最美的時光都埋葬在職場，似乎有一點不應該，當然，她們會在悲觀時過品味生活。比如說紅酒香菸咖啡的品牌和享受方式都很講究，此外，他們還要用貸款的方式購物，城市裡的小劇場前衛劇、國畫書法雕塑大師作品展，都逃不過她們的眼睛，他們渴望心靈的陶冶。

　　前兩天，拿著遙控器隨意地調頻道時，偶然碰上一部影劇，穿西裝戴領帶的「郭靖」笑著說，「我自己找汽水喝。」雖然他在冰箱裡找到的是可樂一類的飲料，這倒有那麼一股子懷舊情調，白領是熟悉的。儘管「汽水」是多年不喝了。現在的飲料，帶酒精的除外，黑的可樂，黃的橙汁，紅的果

茶，差不多是要什麼有什麼，但這也恰好促成了人們口味的提升：「可樂」已經喝不出新鮮感覺了；橙汁的色素濃度太高；果茶好像有點潤嗓子，喝水似乎也成了不大不小的難題。

我喜歡礦泉水，涼爽的感覺中有點甜，簡簡單單的，心情真正在水中放鬆。假如人這輩子只能選擇一種飲料，我想大家多半會選擇礦泉水，它普通得如白開水，跟土地離的最近，而且泉水沏茶也符合傳統習慣。「真水無香」，李時珍將白開水譽為「太白湯」，據說，藥補不如食補，食補不如水補。對碳酸類糖類飲品應該節制，一瓶類似的飲料大約相當於 8 塊方糖，可如今許多城市地表下面形成漏斗，我們的水是越來越少了，不多的水卻一邊被汙染一邊被浪費，長此以往，更讓人擔憂。當然相反的聲音說，我們可以向冰川和大海要水。只是，在技術沒完善之前，還是節約些好，要是能遇著以往的汽水，白領不妨先預訂幾箱。

數字理財生活

每年都會有 Towers Perrin、尼爾森（Nielsen）等調查統計數字給白領提供參考，他們並不顯得很枯燥，白領有時還能夠讀出樂趣來。至於說 CEO、人力資源部經理、專業資格的會計師等更加關心數字顯示，在某種意義上講，它們意味著目前的動態。如今，媒體的收視率要統計，白領的發展速度

要統計，甚至家庭幸福感的程度也要被統計。從似乎不夾雜感情的數字上，人們獲得了採取未來措施的新理念，根據數位統計的階段、比例、差距中找操作理由。白領是聰明的，全部工作就是製碼、解碼和解碼的過程，奧妙盡在其中。

　　數位時代總是要有些不同的，無論是外出旅遊還是在商場購物，如今的白領只帶智慧型手機，事情大概就都能搞定。這比以往進步多了，曾幾何時，出門做事的人們還習慣於把一疊鈔票放在甚至縫在某些不為人知的地方，現在白領什麼都不怕，就算是智慧型手機弄丟了，只要密碼沒有洩漏出去，就不用太著急，可恨的小偷們頂多是看著手機乾瞪眼。這都應該感謝電子理財時代的到來，它透過網路空間使未來的貨幣發生著重大的變化，並直接影響白領的日常生活。

　　人們對紙幣問題的討論已經為時很久了，先是說它傳播疾病容易損壞，記得媒體以前還報導過一個老先生或者是老太太把鈔票埋在土壤裡，結果挖出來時都腐爛得不像樣了。繼而，各種版本的大量假鈔的出現了也整得白領一族是人心惶惶。電子貨幣不一樣，這賦予了現代人更多的隱私權。

第七章

格調：創造新文化

品牌

　　白領的生存是一種發展式生存，這種生存對人的個性化創造有很高的要求，從而展現出多元時代的特色。他們對品牌的使用無處不在，從穿著、化妝直到飲食，這種挑剔往往介乎於有道理和無道理之間。如果白領聚在一起談論品牌，那一定要花費很長時間，因為其中的細節會令人心儀。

　　從個體意義來說，白領的話題之所以多，完全在於品牌層出不窮。他們要人氣指數、VISA、理性行為、薩伊定律、有價證券、道瓊指數、結構性失業、累進稅、恩格斯曲線（Engel curve）、零和對策、規模經濟、辦公自動化、視覺藝術、未來意識、市場失效、綠卡、釐清制度，更加關心精品店的各種品牌：愛馬仕、蘋果、勞力士、萬寶路、藍山、IBM、BMW、賓士、哈佛、范倫鐵諾……從總體意義上講，品牌意義是對高品質的生活的具化，這種具化反映在各個層面上，最終回歸到人對生活的理解。

　　這種具化可能是全方位的，從化妝角度來說，頭髮是否整潔、指甲是否乾淨，口中是否有異味都要考慮到。清爽彩妝平易不失神祕，服務業白領的潔淨清爽的臉很必要；傳媒業白領較適合粉嫩彩妝，流行不失風格；金融業白領較適合精明彩妝，自信不失沉穩；資訊業白領則適合效率彩妝，明快不失天真；美容業白領很適合叛逆彩妝，大膽不失前衛；

至於教育業白領適合自然彩妝，親切不失威嚴。而其中各個流程都要使用品牌，因為白領都認可經多年市場競爭而不倒的商品，這裡面含有非常高的信任度。他們在這方面的投資很大方，因為因為吝惜金錢而是自己的身心遭受損失，他們認為很不值得，商家自然就將目光投向他們。

白領在飲食上也同樣講求品牌，他們做起美食家來絕不含糊。此外，他們還要求餐廳有情調，店名最好有典故，白領最愛用中式家具，因為古樸有深度。這樣，生活水準提升的都市白領的消費特徵也越來越明顯，他們要買時尚雜誌修正自己的品味。他們愛到固定的地方去打理自己的頭髮和臉龐，渴望擁有自己的美髮師、美容師，從而讓自我感覺更良好。值得一提的是，白領的品牌意識日趨專業化、職業化、系列化，適合都市發展的節拍。

我們不難看到，如今許多企業大都做文創品牌，所有的企業文化也都圍繞創立併發展品牌展開。都市消費文化大都是針對白領的趣味和追求設計的，以適應其概念、時尚、格調、品牌和個性，為了更好地贏得市場，很多人甚至鋌而走險，造假販假以欺騙買方。這種舉動無疑攪亂了市場秩序規範，讓消費者頭疼的同時，也很讓正規廠商蒙受了損失。因此，他們在自己的商品上搞了很多防偽措施，可是又總在新一輪的造價中處於劣勢，這對於轉型時期的市場來說，實在

並不值得奇怪。在某種意義上講，白領的買品牌似乎也是一種打假方式，假貨沒有市場就意味著造假者要付出沉重的成本，長此以往，品牌空間就越來越大。隨之而來的商家的品牌意識也會還原到對自家產品品質的提升上來，這對於買方和賣方都有意義，而白領在城市的潮流的導向就變得很明顯了。

追夢人

　　白領是都市的追夢人，他們都認為自己有切實甚至是遠大的追求，在點點滴滴地與社會接觸後真正長大成熟。追夢的白領需要藝術地工作，在事業上找到快樂泉源和關心焦點，找出自己的不可取代性和特質。他們理想的工作是時間不太長，環境舒適且富有彈性，有豐厚而穩定的回報。再具體地說來，就是不聽老闆的嘮叨，與同事相處融洽，每年保持充足的年假。儘管在這個商品社會，白領提供的腦勞動力商品往往在付出與回報的天平上失衡，與自己的夢越來越遙遠。但是，他們知道遠方在召喚，為了夢想打拚注定無怨無悔。

　　白領大都熟悉一則寓言：兩個油漆工在刷房子，路過的人問他們：「你們在做什麼呢？」第一個人回答說：「我在刷房子，賺錢來養活自己和家人。」第二個人回答說：「天這麼藍，草這麼綠，我在做自己喜歡做的事。」幾年後，第一個人成了熟練的油漆工師傅，但是，他從未在工作中得過快

樂，只是盼望著有一天可以不用再工作，買一間房子在鎮上安度晚年。而第二個人功成名就，變成了藝術家，因為多年的經驗使他懂得透過光與影、明亮與黯淡、紋理與線路把一間房子設計製作成一道風景，得到觀賞者由衷的讚美。

　　原因在於第二個人有夢，不同的人對待工作不同的態度造成了不同的結果，為自己喜愛的工作努力，並付出心血時間，即或不被大家所認同，也會得到創造的快樂。從而完成了對夢的追求，為此，白領要不斷調整自己的心態，積極地面對並奠定自己的獨特價值。白領為了完成對夢想的追尋，可以容忍目標的模糊、不確定等，因為從出發開始，白領就為夢的獨特價值著魔。他們可能立志做「大師」，做最頂級的那種，他們告訴自己，維達‧沙宣（Vidal Sassoon）也是理髮師，吉安尼‧凡賽斯（Gianni Versace）也是成衣設計師，之所以創造了經典，關鍵在於是否敬業，是否將工作看成獨一無二的藝術審美與實踐。

　　如果還有夢可以追求，有讓普通種子長成奇葩的契機，生活就是幸福的。白領樂於化腐朽為神奇，讓自己的聰明量化，確定科學的工作態度與人生價值觀，具備專業性及系統化一般能力和非專業分析協調能力。追夢的白領勇於炒老闆魷魚，美麗的夢想告訴他們，很多老闆都只是有錢的笨蛋，遲早要被時代落得很遠。從辦公室的窗戶向外看，天空的湛

藍還能引起無限遐想，說明比零還沒有淪為都市的被牧者。
他們的眼睛所看到、雙手所觸摸到的都來源於創造性的精
神，創造力可以提升價值產生美感，可以讓夢飛得更高遠。

　　白領是品牌的創造者和經營者，他們能接受市場的拷
問，「路漫漫其修遠兮」，吾將上下而求夢，白領將情調揮灑
得恰到好處，他們忙裡偷閒做運動，只是對群體運動失去了
興趣，寧願一個人在健身房揮汗如雨。他們做事情的目的性
可能很強，但全部的目的都指向一個更舒適快樂有價值的未
來，這就是有夢與無夢白領之間的差別。白領認為夢已成為
時代不可忽視的主題，他們總想從禁錮中掙脫出來，以舒適
隨意放鬆的狀態生活。因此，《雪山飛狐》的主題歌就流行了
很久，白領在每一次聆聽和哼唱的時候都有一絲感動。他們
在大師營造的夢中找到了與自己理想的契合點，因而，使經
驗生活不能滿足的東西在超驗時空得到彌補。

極致優雅

　　記得一部著名的義大利影片叫《燦爛時光》（*The Best of
Youth*），在幽默的生活細節中讓人默默流淚。這部電影讓我
突然想起一個白領，因為不久前朋友在電話裡給我一個超長
的想像：你好，詠最近從法國回來了，而且在昨天登記結婚。
但是我正坐在飯店的燭光裡，感覺有點莫名其妙，怎麼一個

留學的人突然回國，然後做了白領，然後似乎是閃電般結婚。難道這個年代真如有些人所說，似乎誰都有智慧了，但似乎誰也都沒有智慧了。我知道詠與不智慧無關，總提供驚喜的她一定有道理，因為她一直都在追求極致優雅的生活。

這個世界對每個人都意味著不同，對她來說，就是變化的存在。記得那是個不太寒冷的冬天，那年我剛剛適應大學的新奇和沉重，在學校外一家咖啡店門前的雪地裡見到了她，當時她靠在一棵樹上，手裡拿著畫板，畫上勾勒著扭曲的紙鈔和漸融的雪花。短短的碎髮和難以掩飾的憂傷在她站著的地方漫漫彌散。後來我逐漸知道，詠曾在音樂學系進修，後來陰差陽錯地學起電視，還參加過主持人大賽得過不少獎。她常常是一身藍昵大衣，這讓人想到《魂斷藍橋》（Waterloo Bridge）以及別的什麼，我們也常戲稱她是「德國軍官小情婦」，她聽後常常淡然一笑。

詠嚮往風土民情，那種文化曾經滋養了詠的色彩感覺，當然，詠也常說想獨自在異鄉品味紅酒。後來的事情一點點使她的狀態出了名，也就終於有了去大都市的那次。她在我緊張準備考研究所的時候去了大都市，在大都市，她找到一家古香古色的茶樓，同一幫老外聊起了傳統文化。此後，她遇到了一個熱愛音樂的男孩。那些日子生活的陽光照在她的臉上，折射出生命的魅力。然後他倆都決定出國，當詠辦理

173

出國事宜時，男孩卻獨自完成了去德國，理由是兩人說好不在一個國家，更不要從事一種工作。這時，她望著這個給她無限意義的男孩有種莫名的感覺，以後的日子，她們就常到圖書館。

那個有著陽光一般笑容的男孩帶著他的吉他、他的歌譜以及她的希望陪她走過距離畢業最近的日子，然後，不知所蹤的詠就到法國去了。而我竟在一天晚上直到她成了這座城市的白領，回了國，結了婚。據說娶她的男孩很優越，儘管不精通音樂，但我覺得這應該是詠的最愛。

因為詠已經成了白領，因為詠樂於極度優雅，這是一個人的慢跑，或許總有些事情會令人驚奇的發生，或許最終只留下片斷的記憶，或許她的生活與人無關，但就是這個不停慢跑的人的生活給人以啟示。白領對優雅的追求投射著這明明是一個自我的年代，「變」的暗流在湧動，「變」的念頭永遠都在心底潛伏。而優雅將貫穿始終，伴隨他們的歲月，去銘刻屬於自己的歷程。

新白領新生代

白領是時尚創造和消費的主力軍，他們擁有高品味的生活目標，因而填補了普通人和中產階級成功人士之間的空白。值得注意的事，白領總是能夠敏捷地表現出時代的變

化，也不斷地整合著自身的構成，新生代白領曾經一度嶄露頭角。他們是招聘啟事的受益者，逐漸從「體力型」向「智力型」轉化。在某種意義上講，校園白領應該算是白領新生代的重要代表，他們以「兼職」的身分介入，很快就找到了主創者的感覺。起初是銷售、導遊、家教，後來的發展逐漸讓人們刮目相看。

知識經濟的發展帶來了人才的飢荒，這在 IT 產業尤為突出，因此，名校資訊科系的博士生、碩士生甚至大學生就應邀寫程式、做維修、做動畫，感到疲憊的同時，也成長了專業和社會經驗，且能有不菲的收入。校園生活可能有點艱苦，但生活要向前看，還有許多事情值得他們為之努力和付出，誰能否認另一扇窗已經悄然開啟了呢？可見，IT 產業的環境讓人從各方面越來越真切地感受到現代工作的快節奏，高科技領域的待遇往往令人咋舌，一個高難度專案的完成，至少要有十萬元左右報酬，在很多有「經驗」的成年人慨嘆「錢越來越難賺」時，不經意地發現，身邊一些毛頭小鬼的日收入竟然達到了數千元甚至更多。

新白領傲視同輩的原因在於成功的感召力是巨大的，迅速脫貧致富並經驗豐富的校園白領自然讓身邊的人心動，他們也想一箭雙鵰。更讓她們敬佩的事，新白領可能覺得薪資並無太多意義，真正的意義在於有機會走進大公司學習學校

裡沒有也根本不可能有的東西。如果沒有實際操作的機會，他們就開始「好為人師」，更耐人尋味的是，身為學生的他們輔導的都是正規的教師，因為一部分小學、國中甚至高中的教師和機關工作人員，原有的文憑不僅沒有增值，連保值都做不到，在著急「進修」的時候，意外地投到了學生的門下，個中滋味實在不好揣摩。於是業界逐漸發覺，以往的白領新生代已經成為主流，著實不敢小覷。

自由白領風格

　　自由白領帶有一種生存體驗的意義，他們大都適合發展全新的體驗業經濟，完成從醜小鴨到白天鵝的轉變。他們要嘗試網路生存，猜想海洋生存以及太空生存，並試圖創造出一種生存境界。她們用不屈不撓證實了自己的存在，儘管在早晨穿著睡衣，頭髮蓬鬆，睡眼朦朧地踢著拖鞋買早餐，但那是由生活的熱情而產生的放鬆，她們站在街口迎風招展，路人經過，紛紛側目。自由白領已經成為品牌，她們每天都在微笑、追求、家園、夢想……因此，有人說他們已經構成了新生活主義新經濟運動新時代象徵。

　　自由白領的最大意義不是能賺多少錢，而是自己是否生存的快樂，能否在每天變好一點點。快樂和成功是一種幸福實驗，錢所能承載的在白領眼中往往便都很有限，至少不能

解決他們內心虛無。在忙碌了一天之後，白領可能到城市最大的舞廳狂舞，享受其中的音樂和環境，徹底忘記白天的瑣碎與勞累，但一旦離開舞池，馬上就恢復淑女紳士的模樣。可見，她們的自由是有程度的，完全自由僅僅是她們的追求。她們可能在夜裡獨自走在古雅現代交錯的路上，感受城市的浮華，接過路人的目光。其實他正在暗下決心，並為此付出努力，等待日後成為令人羨慕的贏家。

自由白領特別注重自我感受，她們厭惡無休止的考試、試用以及機械呆板的職場生活，她們希望自己的能力得到自由發揮。無框眼鏡他們知道，主流非主流是一個意思，只是心情不同而已。自由白領願意接受挑戰，因為這與他們所追求的新穎、刺激、快樂、自由、充實的生活有關，此外，他們還要為整合資源、體驗生活、終身教育、個性發展等做自己的努力。面對著城市燦爛的夜景，她們很可能有一種創業衝動，她們要擁有一切夢幻！

自由白領起步於憧憬和希望，難得的是，她們認知到未來的壯麗遠景，也看到了發展過程艱難險阻。有時候，她們承認自己充滿野心，在讓人覺得璀璨到頂點的城市，他們認為缺席是恥辱的。她們要在征服目標的同時征服自己，自由白領意味著數位化生活的很多可能，自然也包括壓力，她們願意在時尚中消解煩惱。有時候還可能因此顯得純樸，尤其

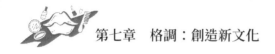

是這種純樸可能令人懷疑，這似乎是一種逃避成年責任的舉動。殊不知，自由白領是一種態度，正如態度決定一切。

自由白領信奉的至理名言是拒絕痛苦，她們賺錢的全部目的都是享受，一切與他們有關的事物似乎都與眾不同。他們都不喜歡花邊新聞，這素來為她們所不齒。他們願意閱讀有感受的文字，從而默默完成多元時代的一種對話，她們會把自己在閱讀過程中流出的眼淚視為拒絕庸俗的匕首。直到她們有一天在閱讀時發覺，最大的自由有時意味著最大的不自由，因為他們可能感到了如黑咖啡一樣的寂寞。自由絕不能替代情感，為此，他們開始尋找兩個人的生活。無論如何，自由白領已經一步步進入網路社會、媒體世界和城市生活，讓人們感到城市在飛。

城市白領風情畫

捧一杯咖啡，點一盞桔黃的檯燈，靜靜地品味一首曲子。城市白領確實洋溢風情，心平如水的表層背後醞釀著不定期的風浪，不自覺地指引著時代的潮流。毋庸置疑，都市白領在創造注意力文化，她們散發著自身的快樂，掩藏著生活的滄桑，有點觀點有點辛辣也有點逗，苦澀的笑無聲地隱去了。他們絕不在意別人的不解風情，因為風情完全是自己的事情，因為自己的風情與別人無關。

　　但生活中也會有特例，比如說一位作家就一直認為，「每天早晨睜開眼睛，我就想能做點什麼惹人注目的了不起的事，想像自己有朝一日如絢爛的煙花劈里啪啦生氣在城市的上空，幾乎成了我的一種生活理想，一種值得活下去的理由。」這似乎也可以被理解為另一種風情，享受生活的小資途徑，喊出自己的所思所求，也是一件很舒服的事情。陽光淡淡的午後，聽一首老歌，感受歲月在無語中飄飄嫋嫋，舒緩的音樂就流過了山崗草原童年。這時候，周遭的一切都被染上了風情，讓人感到有肌膚之親。可能白領剛到一個幾乎完全陌生的城市，守著一份簡單而輕鬆的工作，過簡單而輕鬆的人生，但就是不能沒有風情。

　　一位在雜誌社工作的好朋友，原本不通文墨，迫於盡快尋找到生活的意義，竟然不可思議地生活了下來，值得一提的是，這個丫頭剛到的時候就找到了感覺，甚至在 E-mail 中勸導我：「我在這裡挺適應的，你以後乾脆也過來吧，一定會喜歡這裡。」我很懷疑這個一門心思要出國的女孩怎麼能在自己不熟識的領域找到感覺，想當年遵父命考研究所的她為了證明自己考不上，而故意去考了幾個不堪入目的分數。然後到了異地，這很好，因為這個對生活感知得還很不徹底的小女孩從這裡長大了。異地的白領生涯令她著了魔，自由的工作風格正是她需要的，因此，生活中總是有一點按捺不住的興奮。

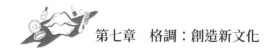

　　隨著收入的越來越高，生活越來越豐富，白領社交會越來越廣泛，遵循城市座標軸的橫縱交點，白領要優雅地展示自己的風情。創造嶄新的小資生活的源頭，找到自己的花樣年代，絲毫不理會周圍的眾生喧嘩。他們不做瓶子裡的水，勇往直前地走在邊緣，風情也就在這個過程中誕生。而他們自然也會有一點迷醉，甚至或多或少地有點放縱，那時候的風情自然就被都市的季風吹長了。

微笑是不需要花錢的

　　最近從媒體上讀到對廖女士的訪談，才知道藝術大師徐悲鴻先生曾經說過，我們應該經常保持微笑，這因為微笑是不需要花錢的。職場上的白領應該與人為善，自然就需要保持善意的微笑，從而將被尊重的快樂溫暖傳遞給身邊的人。如果肆意地將自己的煩惱揮灑出去，就會令人感到莫名其妙，自然就降低了白領的交際成功指數。因此，真正有品味的白領始終保持著臉上的笑靨，這絕不是機械生硬而程序化的做法，而是一種充滿變化的來往姿態。這恰恰展現了白領的新文化，她們要將實用主義的東西變得美奐美侖，並為這種有創意的生活喝采。

　　有一則耐人尋味故事可以為此做必要的說明：一位藝術家進了天堂，看到每個人都在忙碌，只懂藝術的他感到百無

聊賴。路過一條小溪的時候，他看見了一個未經裝飾的水桶，就隨意地在上面畫花紋，此舉引起了諸神的恐慌，百無一用的藝術怎麼竟進入了天堂！但就是這麼個不經意的舉動，讓藝術家在天堂站穩了腳跟，從此天堂不再缺少美與藝術。而且，逐漸成為了生活的一種需要，職場生涯也是如此。財務報表可以只是數字堆砌，換個角度看問題，也可能是精確的預測和卓有成效的監控。工作也需要藝術，因為任何人都不能夠沒有審美體驗，而藝術的生活告訴白領保持微笑的意義。

當然，白領的微笑有商業價值，同時也透露著人文氣質。這種微笑似乎也是一種文化意義上的包裝，穿過「莫比烏斯帶」，完成多元的對話。這也表現為對待他人的寬容，如果從心理學意義上講，這也是一種良好的心理暗示。因工作過量產生疲勞，或者憂慮、緊張或不快，都會在微笑之中釋然。每天早上都告訴自既要微笑，絕不會顯得膚淺，反而令人在面對一切時都泰然處之。更何況，扳著臉孔是無濟於事的，我們必須得保持健康的自我。從對社會的職責說起，白領之安身立命，應該「做到做不到的事」，「說清說不清的事」，扳著臉孔只能一事無成，因為誰都會拒絕乏味，因為誰都不願意煩惱。

據有關調查顯示：白領的職業困惑太多，面對千斤重擔，

不敢有一刻放鬆，長此以往，只有在心裡時時自警，才能避免被壓力打垮。白領的微笑並非做做，這種姿態應該來源於心靈的自然述說，否則，只能增加自身的苦惱。因為生活又增添了新的負擔，戴上偽善的面具，對誰來說都不是一件舒服的事。因此，白領的微笑是一種積極的生活態度，是對生命陽光般的負責。至於說接待客戶時的種種失禮行為確實與白領的身分不相宜，在同事的蹙眉嘆氣中迎來送往，自然令人不快。

白領的快樂是洋溢微笑的前提，她們為生活中難忘細節感動，為歷史滄桑和各式優雅動情，快樂是她們追求的主題。她們的微笑是一種平和，絕非敏感的幻夢攪拌著瘋狂的料理，並以此做為叛逆的旗幟。白領大都希望自己的生活擁有巧妙的情節、乾淨的背景和可觀的前景，她們的平和從裡到外透著的都是穩重，這種穩重帶有某種意義上的希望光澤。他們願意體驗有創意的生活，而不願意活在懷舊或虛幻中，更拒絕自我空間的囈語。因此，白領的微笑被理解為優雅的表達，而職場也因此飄逸著某種快樂的味道。

在風波的意義上看白領女性

在這個近乎跳躍的時代，男人飲著黑咖啡看美女進化。比如我的一個朋友，20多歲，就在美容院把自己整個變了個樣，被眾多鬚眉們一致肯定為「上相」的她，近乎得意地展

示說自己臉上的每個器官都曾經「位移」過,最近還鼓動一個男人把他剛滿月的女兒的鼻梁用力往上拔,尚不論這是科學的進步還是科學的悲哀,總之這樣的結果是,此後,每一個第一次見到她的人,大致都認為自己見了美女。

如今的白領女性在某種風波的意義上被稱為時尚女人。時尚女人的工作最近幾年基本走上了正軌,早已沒有遙遠的年代的生澀。她們每天都在辦公室裡忙碌,絲毫不敢懈怠,為的是月底以及年底的某個可觀的業績數字,當然,這其中伴隨著某種浪漫的情愫。可是,誰都不知道要熬到何時才能有個讓自己感覺良好的職位。她們因此得不斷揣摩主管和大主管的態度,比如說他們有沒有想回家做留守丈夫的跡象。此外,就只能嚼著海苔,在電腦前用滑鼠玩踩地雷遊戲,並佯裝工作模樣。同時考慮晚上的安排或驚喜。她們大都明白時光如水,倏然即逝,如今也不是什麼女孩了:昨天在公車上,竟有一個不懂事的小男孩叫自己阿姨⋯⋯

白領女性其實並不是時尚的形象大使,她們只能代表一個部落的潮流 —— 儘管僅僅是疲憊地追趕時尚,以彌補自己的落伍 —— 她們大抵都擁有精緻的追求,並為「小資」生活加上很多色彩,只是,其中時不時的夾雜著一點茫然一點迷離。特別是腦海中可能不斷產生攻讀 MBA 抑或 MPA 一類的念頭,以提升生活的含金量。但經過幾年努力獲得的成就

也絕對是值得留戀的，這為自己以後的平庸提供了天大的理由。這樣，她們患得患失著看光陰蹉跎。

時尚女人都懂得消費，她們不捨得虧待自己，很願意在某個節假日跟在導遊後面。遠途旅遊的經費和時間大都不好支付，於是，她們就跑到韓國或泰國，旅遊時似乎覺得自己走進了時尚什麼的。接著感到了不舒服，這種情緒應該說是介於自卑和自戀之間。但難以改變的事實是，在我們日常生活的周圍，常常能見到的那一群群伴裝時尚的女孩整天都是跟品味南轅北轍的。

最讓白領女性感到惱火的是，總有好事的親朋好友，動輒關心自己的隱私，並婉轉地提醒你，對方的年紀沒必要多加挑剔。其實，時尚女人從來都覺得嫁人是件好事，一個人的日子也有點過夠了，嘗試和另一半一起生活的世界裡，又有什麼不好的？上班八小時以至更長時間的緊張勞碌過後，白領女性都願意利用這難得的自由時間，跟朋友聊聊天訴訴苦。傾訴對象大都是姐妹，對於她們來說，友誼是很輕鬆愜意的，這不像愛情，甜蜜同時也充滿痛苦和折磨。白領們的擇偶是可遇不可求的，因為她們都很注重自身的獨立和自由。

於是，白領女性就悠閒地生活著，她們告訴自己要盡情的自由自在，別拿別人的生活來打擾自己，於是，就逐漸矜

持起來，儘管這不是她們的初衷，可還是讓人覺得前面不著村後面也不著店了……

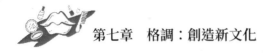

第七章　格調：創造新文化

第八章

創業：在跳躍中實現自我

充實準白領的驕子生涯

　　只是經濟時代的白領大都經歷過象牙塔生活，她們在這裡蘊集能量，以期日後能找到施展的可能。可令人不能樂觀的是，或許真是外面的世界太精彩，讓人難以坐穩板凳；或許是扮演知識權威的角色在商海中顯得幾許朦朧，總之，如今天之驕子的傳統責任感受到現實的強烈衝擊，在部分天之驕子的心目中已經產生了執著或盲從的水花。急切的獨立願望使擁擠的她們在徵才活動上把大門玻璃擠得粉碎，有很多學生抱怨工作不好找，人生之路真是越走越寬嗎？

　　讀書需要錢，生活也需要錢。的確，弱勢族群面對都市消費是一種苦澀的挑戰，而大學四年的學費雖然可學貸，但也著實令薪資階層的家長們辛勞。更何況，家境頗豐的學子們有意或無意的炫富，在校園內對比出了貧富差距的現況。

　　誠然，很多人渴望吃自己的飯流自己的汗。面對家庭、社會、學校和自我的對立，試圖做出新的選擇有積極意義。特別是大學時間安排的相對自主化和所學專業分配的局限性，使得很多學子對外面的世界躍躍欲試。甚至他們把目光放遠。

　　如果走進商海，沉醉不知歸路，把四年的大學生活當作獲取一紙文憑的必要時間，並用來增強搏擊商海能力，那麼，準白領如何去迎接知識經濟的挑戰？這樣，珍惜讀書時

光，以變得尤為重要。世間萬事萬物都是水到渠成，正如沉穩也是一種素養，準白領當好自為之。

設置白領顧問

職場生活要求白領擁有智囊團，以便在關鍵時刻做提示，並解決已經或可能發生的種種問題。白領的智囊團來自多個層面，比如說法律、健康、經濟、形象、安全、媒體、網路等方面，能否擁有這麼多層面的顧問，緣於白領是否洋溢著發展潛力，緣於是否能與顧問產生雙贏的握手。白領的生活經歷接觸著活生生的現代，在認知、思考和反映現代的時候，仍保持著傳統的刻苦。

比如說白領想用高超的語言推廣自己，使來往事半功倍，就要練就伶俐的口才。並且在與人來往之初，就約莫地知道對方要說什麼，從而能適當加以應付。一語驚人的白領必定在別人眼中出類拔萃，自我推銷是一門很深的學問，得既條理清晰又合乎邏輯地推進話題。如果白領請教該方面的顧問，一定會被告知，可以運用辯論的三要素和三段論法：事實即證據；單指論據；單指結論。如果發揮得好，還可能營造一見如故的感覺，如此，自我推銷必定穩操勝券。類似的例子比比皆是，最基本的事實是，思維要敏捷，言語要得體，反映要及時。長此以往，白領自然能夠隨機應變地突破

僵局，從而得到客戶的讚賞。

如果白領言語反應敏捷，就會萌生很多應對智慧，比如說當顧客不慎打碎玻璃櫃，卻一口咬定玻璃櫃陳設位置失當，不肯輕易退讓，又引來很多顧客圍觀。白領就應該一方面穩住顧客，一方面讓同事通知老闆，讓一場惡鬥消弭於無形。交談就像傳接球，不是單向的傳遞，只有雙向才能夠增值。值得注意的是，「打斷別人說話是最沒有禮貌的行為，」無端的插話也大煞風景。殊不知，良好的時機完全視談話人的發音、強調方法、語氣頓挫、語調的變化而定，人的聲音富於各種變化，語氣、速度、音量能反應出情感和態度。口才優異的白領大抵都具備這種能力，因此提升成功率，得到主管的賞識和器重。

在法治社會生活的白領應該與律師保持聯絡，以避免自己的某些失誤帶來法律難題，而律師也願意做白領的顧問。因為諮詢費可以落實，而且，白領可能會為他們提供機會。而白領因為對法律的逐漸精通，會使自己的做法更符合程序的要求，甚至找到平步青雲之感。因為這個社會有一定的規則，單純以道德等標準評判，似乎有失偏頗。合乎時代的白領絕不會拒絕法律支持，至於說經濟、形象、安全方面也會在進修、拜訪或日常來往中找到能為自己發表真知灼見之人，從而全方面加深成功的程度。

　　高負荷的職場生活領白領為自己的健康擔憂，比如說他們中患乾眼症的人數逐年增多，據預測，在未來會以每年10%的比例上升。如果白領擁有自己的健康顧問，自然就明白眨眼等同於休息，白領每天在電腦前一待就是幾小時，眨眼頻率極度地降低，注意力高度集中引起血管神經調節紊亂，焉有不得病的。透過健身或適當療養，當白領解決健康的問題之後，又要投入新一輪工作，在疲憊與幸福中找到平衡點，似乎又要忙碌地區尋找有關媒體、網路問題的解答了。

白領之鏡

　　媒體是白領生活的鏡子，透過閱讀和感悟，白領知道了巴布‧狄倫（Bob Dylan），當他嘶啞著如同「一塊滾石」時，年輕人高聲地朗讀瑪律庫塞，穿著牛仔褲留著長髮，他們就是不打折扣的嬉皮；後來，據說是浮華與貪婪籠罩上空，很多白領讀《華爾街日報》，穿西裝打領帶經常仰望上空，他們就是不打折扣的雅痞；而時光流到如今，很多白領不願做商業的高級螺絲釘，穿休閒服崇尚未來學，生活在網路中，努力打破工作與舒適的界線，他們被稱住在郊區的專業人士，即研究高科技的青年。

　　白領應該結識這些郊區專家，因為網路正覆蓋世界，儘管也充滿矛盾，但畢竟清晰展示未來的特性。他們改寫了已

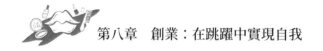

堅持 100 年的商務邏輯，缺乏等級觀念；似乎還顯得有點粗俗，視歷史為無厘頭，充滿工具理性，鼓吹未來可能進入 AI 人工智慧時代。

白領應該熟讀馬素‧麥克魯漢（Marshall McLuhan）的《理解媒介》（*Understanding Media*），因為時代已經進入了地球村，而《理解媒介》是這個詞的產房。「媒介是人的延伸」、「媒介即是資訊」、「電子媒介是中樞神經系統的延伸」、「媒介使人自戀和麻木」、「我們正在回到重新部落化的世界」、「西方文明的整個觀念是從拼音文字派生出來的」……麥克魯漢的觀點可能似是而非，卻令人心馳神往，好在這是最務實的。在充滿個性的背後，是極其明確的目標，既渴望又拒絕精神縹緲。他們只愛自己，出盡風頭，自我陶醉，趕時髦追風潮，可是卻成為時代的時尚，她們可能認為「每個人的自由發展是一切人自由發展的前提」。只要能消除一點冷漠，迎面而來的數字時代就會證明他們是對的，因為媒介的社會影響和心理影響驚人。這似乎是有限的理性的回歸，知識經濟注定呼喚網路生活、虛擬實境（VR）、資訊空間，以拋棄各種妨礙創造的因素。

白領就是在理解的同時，逐漸弄清了自我意識的延伸，知道標準的運作程序禮儀的重要。白領之鏡應該是粉領和金領，以日常生活做發展參照，注定不會走太遠。只有將目標

設定在一個遙遠的將來，才會在努力中逐漸切近目標，即使沒有達到，也已經跨越了很多人的庸俗的設定。%這樣，白領的生活品質才會不斷提升，因為舒適的有品味的生活是素來不為人所拒絕的。

創業的白領可以在鏡中過模仿的生活，其實，模仿也是一種很好的提升方式。對成功的憧憬連結到以往的記憶，就會產生不俗的舉動。白領的鏡鑑自然要少不了對失敗的避免，他們認為失敗是一種疾病，這種疾病只能用知識之藥加以診治。為此，白領在每天早晨化妝照鏡子的同時，也在內心安置了鏡子。

乘法效應

白領的創業是一種冪式前進，站在上一個階梯上的白領和下一個階梯上的白領的發展方式不同，白領的各種努力其實都是一種乘法效應。

有位作家說過，人生的緊要處只有幾步，白領在關鍵時刻絕不會含糊。找什麼樣的工作，工作重要還是念書重要，進修時選擇什麼地方的教育環境，還有沒有出國留學的打算，對這一類問題，白領有自己明確的態度。對生活品質、工作品質、人生品味的要求切實而高遠，他們就是要搭上時尚的快車。

　　白領要獲得乘法運算的前提，無疑是自己擁有足夠的資本，以及在運作過程中施展必要的張力。國際化是世界趨勢，白領與普通人大異其趣，她們要追趕頂尖風景。白領也不知不覺成了追星族……甚至也爭先恐後地哈風趨潮，樂此不疲。他們的眼睛是時尚的萬花筒，請別鄙視與不屑，她們拒絕聽無內容的的無聊、肉麻、空虛、不知所云的情歌，那會讓他在混雜空氣中昏昏欲睡。於是，他們可能喜歡偶像明星，拒絕暴力反對戰爭珍惜現在渴望未來，「眼睛被吶喊擦亮，心被吶喊震動：我們要改變大人的框架，世界是我們的，我們就是未來！」多可貴的情愫，挑戰世俗，這與白領品味不謀而合。

　　從麻木中驚醒，從沉睡中抬頭，白領的乘法運算驗證著強勢經濟帶來強勢文化。她們對資質平平相貌粗大的郭靖一類形象產生好感，因為他完美在俠之天下的義氣，最後「傻人有傻福」。老老實實的面對責任維護正義，儘管他不聰明不透澈不浪漫，但世界就是一個模糊的存在。白領在乘法狀態中崇拜英雄，哈的是人性中的超越，遙望智慧的先知、勇武風度的化身。這是一種意義上的豐碑，他們瘋狂叛逆深情親切，發展到一定程度，白領注定會跳槽。因為已經有了更適合的工作，為了不浪費社會生產力，她們也要完成自我超越。

　　白領的薪資水準還不高，對比到匯率以及物價，她們還得加把勁。如果有一天他們的乘法算成了除法，就造成了以往全部努力流失，而乘法和除法之間也沒有一個明確的界定。很多時候看似乘法，實則已經進入了除法的范圍，白領的失敗往往就顯得有點沒道理，殊不知，成功只是一個個階段，走在通往下一個成功的路徑上要考慮明白失敗是什麼，這樣，成功才能招手即來。

後現代武俠精神

　　白領的創業應該有安全保障，在設置安全顧問的同時，還應該學會赤手空拳與敵格鬥保護自身的跆拳道。這與她們強烈追求的武俠精神不謀而合。白領身穿白色道袍發出吼聲，一個個都吐氣如蘭氣宇軒昂，左擋右閃拳來腳往令人咋舌。白領的時尚週末也是一種精神修養，擺起架勢雙目炯炯威風凜凜，一掃平日柔媚纖弱之氣，她們從中感到一種快意，以掃除都市帶來的疲憊。

　　起源於朝鮮半島跆拳道已有千年歷史，被正式列為奧運會比賽專案，要求禮義廉恥、忍耐克己、百折不屈。白領要的就是這種增強自信頑強果斷吃苦耐勞的精神，以及在鍛鍊中獲得的摒棄怯弱而勇於進取互愛互幫積極向上的素養，「以禮始，以禮終。」平時在玩遊戲的時候，白領也從中領略過

動作遊戲帶來的跳、踢、刺、擋、閃避等動作，跆拳道錘鍊弱者，使他們適應強勢社會。因此，白領的花拳繡腿不僅能在危險時防衛，也能夠培養克制力陶冶人格，教給人們思考和生活的方法。白領知道，在任何時候面對著任何情況，都要「該出手時就出手」。

在電影院看《霹靂嬌娃》（*Charlie's Angels*）、《臥虎藏龍》的時候，白領頓覺喚起無窮力量，甚至讓腳尖從空中劃出美麗的弧線，這讓周圍的影迷感到莫名其妙。殊不知，她們正在譜寫都市武俠傳奇，因為白領的風采並不是纖弱和文靜。她們要在各行各業展現出凌厲身手，壓抑的自我會在跆拳道館散發出來，如同喝杯下午茶。在家裡看電視的時候，她們還會與另一個自己共舞，她們在這時知道自己的獨立。不再期望有英勇王子來相救，這是個崇尚自我拯救的時代，練就一身好功夫不再是夢了。可見，白領願意打破舊規矩，抵制暴力戰爭，呼喚和平友愛……他們從僵化中找到出路，並且從絕望中開創希望。

白領女性在週末中找到了培養自身禮儀、忍耐、謙虛和堅韌不拔精神的契機，不要以頭髮顏色和衣服造型來判斷白領的內在，他們不是頹廢和幼稚的一代。面對著 1980 年代過繼來的「憤青」，一年過去又是一年，白領知道總有人要替代自己。但是，屬於自己的白領精神不能丟，這一點至關重

要。他們懂得在人情和理性之間找到對話的可能，知道如何教外商主管感謝自己，明白文化的內涵絕不僅僅是說話聳肩膀。穿梭在職場中，他們感到自己的武俠的氣質，穿白衣出場，凝重的神情掃過匆匆地往來的人流，吶喊出悲憤控訴負責任。

從白領曾經哈過的偶像來看，她們的追求是健康的，因為三毛有夢中的橄欖樹，瓊瑤有純真的戀愛，席慕蓉帶有情調感傷哲理溫馨……她們絲毫也不會頹廢。這一切凝聚成了後現代的武俠精神，也在白領的領悟中不斷發展，如今一個疏忽就可能釀成大禍，她們絕不會姍姍來遲，她們對環境做出檢查。一切都不乏味，都充滿一種意境，都融進了一種文化氣質。在四季如春的辦公室，白領的感覺非常地道，她們以後現代的武俠精神體會都市價值是一種超越。

不要透支白領的信用

白領的信用是發展銀行，面對人生銀行的存款，白領要鄭重地做出承諾。他們告訴自己言必信行必果，她們從 CEO 身上看到，注意準時發薪資的必要，如果碰到假日就提前一天發。千萬不能夠透支自己的信用，因為做這種事情的成本太高，何況這也是面子問題。在這個合作時代，白領的誠心意識很重要，這直接關係到長遠發展可能。職場中的人都很聰明，一旦被騙就不會淡忘，尤其是她們會採取可能的辦法

付諸各種努力使對方受到懲罰。白領的信用決定他能走多遠，做一次生意只能讓人原地踏步，極大地降低再次合作的可能。

職場中飛黃騰達者、懷才不遇者、左右逢源者、孤芳自賞者都大有人在，在這變化沉浮間，「人氣」至關重要。誠信可以幫助白領提升「人氣」，講求誠信的白領應該弄清工作目標，繼而全力以赴，運用最有效果的「利器」。以雙贏的姿態握手，這樣，才會得到客戶的認可。照亮自己的同時，傳遞給同事、主管以溫暖，快樂非常富有感染力。在職場生涯中，很多企業的人力資源部經理都寧願雇用學歷略遜一籌的白領，因為她們誠心意識更強。這似乎沒什麼道理，殊不知，再有水準的白領也要絲擯棄虛偽和造作，應該使人格具有磁性。人格對別人和自己來說，都是一劑強心劑，這要求白領完善資源的整合和利用。

職場上的生活非常殘酷，沒有太多人會同情弱者相信眼淚，「人氣」考察的是一個人的凝聚力。對「人氣指數」的關心是一種生活態度，如果你願意成為白領，並發揮自己的才能，培養良好的心態，勇敢面對這個世界的一切，那麼，就必須在「人氣」上做文章。否則，很可能透支自己的信用，與企業「以人為本」的理念相悖。為此，白領必須改掉工作中的不良習慣：經常遲到、故意拖延、注意力分散、緊張、有排斥感、健忘、打電話時吃東西、指手畫腳等，這大都是人

的惰性使然。白領應該活出自己的使命來，具備國際觀念，充分認知和了解國際上解決問題的方法和市場運作規則，走在普通職員的前面，形成某種向心力。

值得一提的是，有一顆「公心」極易提升信用度，「人氣指數」的高低與白領的 EQ 有關，這要求白領不鋒芒畢露，盡量尊重主管和同事，抵制來自 Office 裡的威脅。十個手指伸出來都有長短，辦公室裡職員的能力肯定有高低，千萬不要因為自己的一技之長就詆毀別人，因為即使能力不高，當受到侵犯或者威脅時，誰都會自覺或不自覺地產生抵抗情緒。白領要時刻保持清醒，不要為好聽的話迷惑，好聽的話聽多了是你有問題，而不是別人。在人才濟濟、競爭激烈的環境中，人緣好一點，機會就會多一點。

誰都想擁有「零干擾」的良好環境，以便專心致志地學習，工作，良好的環境主要來自心態、處世方式和人格。過度安靜和過度喧鬧對職場生活一樣不妥，解決干擾的辦法是有良好的心態，對於不可選擇必須承受的東西，只有調整自己去愉快接受，把不愉快盡可能轉化為愉快。這樣，白領的信用都會無意間提升，鼓勵別人的同時發展了自己。這是正常的職場狀態，聰明的白領都逐漸找到感覺，她們知道誠信的重要，於是在與客戶雙贏的我手中，找到了人生的快樂。

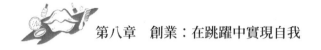

白領的自我經營

　　白領的人生需要經營，因為成熟的經營對公司和白領自己都大有好處，比如說你要完成從被雇者、自雇者、創業者到投資者的歷程，要考慮行業、企業和合作的生命週期。多年前的暢銷書《窮爸爸富爸爸》指出了財富自由之路：沒有財務自由就沒有真正的自由；衡量財務自由是靠時間而非金錢；財務自由要比財務安全更重要，而獲得財務自由的方式包括獲得薪資外的獎勵收入、讓別人為自己賺錢、要活錢而不要死錢……為此，白領要關心自己的主張，進行資產盤點，設定發展的目標。

　　白領的經營是務實的，她們知道，今天正確，明天正確，後天還正確的白領是神，應該待在神待的地方。聰明的白領都不指望透過閱讀管理書籍提升水準，因為「世上有一半的書是笨人寫給笨人看的」，她們只承認實戰經驗。白領要與禮儀生活零距離，你不必疑惑，怎麼很多白領還在租房子。除非是為了升值房價或結婚，單身的普通白領都與同事合租房間。但也不乏富白領在城市扎根，選擇一處合適的房子，並完成家的寓言；你也不必疑惑，怎麼很多白領根本沒有存款，甚至開始花明天的錢，也不乏富白領掌握著好的機會和條件，不僅滿足自己的花費，還投資去進修；更不必疑惑，怎麼很多白領沒有格調，因為那需要智慧、素養、自信

和金錢。只要不表現談吐的庸俗，白領就符合標準了。

　　窮白領和富白領的不同源於職業生涯規劃的差異，富白領對自己和公司都保持負責的態度。他們不斷地分析新世紀的產業趨勢，摸清未來發展的主流。這樣，在人脈、專業技能和有形無形的資產等方面黯熟於心。成功靠自己，如果在白領的位置上不思進取，生活就會逐漸產生失敗的預兆。殊不知，上天往往在最深的讚美之下掩藏著自毀，白領千萬不能喪失自我。那樣，在感情上、事業上都會出現失意，這是你自己拿命運的捉弄來捉弄自己，拿自己的糊塗來懲罰自己。實力相當的兩個人，為何最終跑到終點的是人家而不是你？窮白領不能再糊塗了。

　　窮白領想成為富白領，所有經營只有一步之遙，就是讓自己永遠清醒。為此，白領要不斷地問自己：目前，擁有促使自己採取重大行動的決心嗎？有經過綜合著過度工作傾向的成功意識嗎？是不是常常感到自滿？自己是否為華而不實的成就感到陶醉？其實，沾沾自喜是成功最大的敵人，事實證明，只有低頭苦幹的白領，才能取得人生的輝煌。他們擁有足夠的自信，因此勇於駕馭風險，把失敗看作是成功的一部分，利用別人的錢和時間，為公司和自己獲取最大的利益，為此，他們甚至要為成功和自由付出孤獨的代價。

　　富白領都是有情調的工作狂，似乎只有工作狂才能適

應緊張的工作和激烈的競爭，考察自己是不是工作狂有很多方式。比如說在路上怎樣消磨時光？是看書還是閒談。出差在外地，不能及時回家，是輾轉反側還是隨遇而安？經常能引起你不快的是什麼？工作環境吵鬧還是手頭的要緊事沒辦完？週末是想充實自己還是去逛街？這些看似微笑的事情展現著你的工作態度，生活就是由這些細節組成的，因此，窮白領和富白領的差距或者說藍領和白領的差距都不是偶然的。

無聊的人是可恥的

最近有一位媒體的朋友探討辦一本有關「睡眠」的雜誌，我覺得這個創意的市場空間不太大，因為分秒必爭地搶時間的白領是不會去讀關於「睡眠」的問題的。其實在做準白領期間，她們就沒有沉寂，而是找各種機會發表自己的觀點發揮自己的能力發掘自身的潛能。當然，他們採取的方式很務實，比如說做兼職記者翻譯。由於有這方面的才能，他們利用課餘時間創作有關校園或社會生活的稿件，投稿以賺得稿費。稿費增高的同時，能力也在不斷地升級，為將來發展增添了籌碼。翻譯不僅報酬可觀，還能夠提升外語水準，市場對翻譯人才的渴求強烈，因此，準白領在方面有所涉獵。

試探著從象牙塔中伸出觸角，與外面的世界「親密接觸」，似乎是多元時代的一種必然。他們認為無聊的人是可恥

的，也絕不在乎被指責為浮躁，她們只承認在未來人生道路上摸索前進不無裨益。其實高校擴招為的是緩解就業壓力，這個辦法將今天的矛盾轉移到明天，準白領因此要具備長期職業生涯規劃。人們對「成人之美」的關心，往往都在自己的利益與他人的利益發生衝突時，有些人喜歡奪人之美。殊不知，這已經讓人感到無聊，正常的競爭無可厚非，使用遠離陽光的方法，樂此不疲地在暗地裡掠奪別人的果實，注定離無聊越來越近。

白領大都渴望得到讚美，在節奏日益快捷的時代，讚美已經成了生活的調味劑。並逐漸成為一種藝術。這種藝術的魅力不凡，因為它能給人生提供意義。一個人能夠成人之美，之後又讚美別人，就已經達到助人為樂的境界了，不僅能夠切實地提升生活品質，還會給自己建立一個良好的人際氛圍，因此白領相輕值得加以擯棄。此外，切忌無聊地干擾別人，盡可能地做到「零干擾」，呼吸心靈中的新鮮空氣，淨化自己的耳朵。為此，白領要處理好同事關係，良好健康的工作環境離不開和諧的溝通。

切忌把不滿和抱怨掛在臉上，摔摔打打不僅解決不了問題，還會讓雙方都感到無聊。儘管不能一忍再忍以德報怨，也不要以牙還牙，因為這都為無聊所拒絕。和同事相處是一門藝術，普遍法則就是真誠坦蕩，善於發現同事的優點並真

誠地加以讚美。長此以往，不僅避免了無聊，還會增強合作的默契。殊不知，無聊到最後連自己都會厭倦，因為討人厭煩的同時也會招致很多煩惱，這一點為成熟白領銘記，因此無聊總是離她們非常遠。

多型血風貌

　　大概是在捐血的時候，我知道了自己的血型。捐血中心的這種檢驗結果準確的讓你沒辦法辯駁。這一點毋庸置疑，O 型血這結論把我嚇了一跳，據說她在代表著無私善良的同時也意味著神經質和魄力的不穩定。這跟 A 型血就沒辦法比，人家是敢闖敢做，寵辱不驚，雖然少些溫厚，但似乎也從不影響誰的事。這些是否都具有科學性尚待證明，不過我還是部分地認同了這個結論。因為我覺得自己的個性就跟那些性格分析挺相像，講求平等、與人為善，經常是動感情卻也會很受傷。

　　問題就在於我們現在正處於新新時代，這時代可不得了，不是不明白，就是個變化快。新新人類主宰的職場生活裡也有各種生活圈，像孫悟空用金箍棒畫出來的差不多。文化白領所在的圈裡大概都想固守精神家園，因而也就常常被一些穿著范倫鐵諾（Valentino）、洋溢著美容院妙筆生花的笑容們不屑，開始我還滿不在乎，可漸漸趨勢有些不妙。時尚

的現象不斷地同化著精神的領地，一切都在升溫。好在白領還都很清醒，沒有人甘心放棄理想，也絕不會落伍於某一個激昂的時代。因為她們熟悉了競爭的生活，在攻擊別人的同時保護自己，因此變得非常積極活躍。

這時候，我忽然又聽一個研究生物的老教授說，現在一些國家的科學家正在研究人體的基因序列，預測著下一個世紀不久就能破解出人類全部基因，能解救很多疑難病人等等。我只是想，他們一定都是 A 型血人，敢闖敢做，連全人類的命運都想改變還不是 A 型血嗎？這樣，我又開始懷疑，是不是即將有人要趕快把性格錘鍊得更潮流，然後再假模假樣地在身上貼標籤 —— 我是 A 型血人。自己人。可是，自己的錯誤都是個性，別人的錯誤萬惡不赦，別人不能夠且壓根就不應該成功，倒也是一種思考盲點。

正巧有一天路過一家熱賣促銷的書店，看見一群年輕人擁擠著等待作家簽名售書，我突然就想起他的一本小說，大抵是寫對於生命而言，往往具有一種決定性的力量。這時，我開始有些熱血沸騰，也突然地冒出了一股子勇氣：於人生的道路而言，重要的是堅強著前進，少拿什麼血型論來嚇唬我們，儘管無法選擇，可是我們偏不頹廢。這樣的狀態維持至讀到於以往的結論不同的聲音，O 型血又被認為是充滿戰鬥力，而 A 型血似乎保守，至於 B 型、AB 型血的說法也

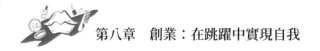

有所出入，這是一個多元的時代，血型不同也展現著對話的
可能。

第九章

健康：時刻保持生命的警惕

呵護白領的翅膀

　　朋友曾講過一個故事。有一位花容月貌的女經紀人，獨立經營著兩家時裝公司。員工平日對她畢恭畢敬，每天都有司機接送她上下班，她的工作舒適自如得令人咋舌，這些並不僅僅因為她是老闆，還因為她設計的服裝曾幾次在博覽會上奪得金獎，有時只要她靈機一動，大街上新的服飾就開始流行著花枝招展了。沒有人否認她是成功的人，即使有些深諳為商之道的經理一見她頸上那串鑽石項鍊也大都另眼相看了。項鍊的色澤純正而深邃。可是她常常在空閒的時候，對著鏡子淡淡地說：幾十萬元的戒指，能貴得過我的孩子嗎？

　　她有一個女兒，一生中唯一的孩子，因痴呆而躺在醫院病房裡。那孩子美得讓人心疼，可是這麼漂亮的孩子卻從未叫過她一聲媽媽，因為在胎兒時頭部受了重傷。那時，她還是一家公司的服裝設計白領，為了參加博覽會夜以繼日地設計新款式，忙裡偷閒考金融證照，攻讀一本本經濟學著作。她不是不知道這樣會虐待腹中的孩子，但是她太想出名，於是付出了巨大的犧牲：因過度勞累而暈倒在地板上。很難說她是一個幸福的人。看著別人的孩子在父母懷裡調皮撒嬌要親要抱時，她陪著幾乎失去智商的女兒，心裡像刀割一樣，她願用如今的一切換回普通人的天倫之樂。

　　朋友說，對健康的每一次輕率與魯莽都可能招致終生的遺憾甚至悔恨。我點頭，接著也講了一個故事。那一年，大考在即的我心情有些煩亂，給自己放一天假到書店散心。沒想到因為尋找「銀子」竟發現了「金子」。那天因書買得多，就要了一張報紙包裝，回家後不覺發現報上有一則報導：一個小女孩，十八歲——十八歲的女孩應該如酒似蜜、清純快樂——可是她卻與絕症相遇而顯得不美麗。青春的色彩本該是奼紫嫣紅的，在她面前卻是一片慘白：絕症的殘酷，往往在於對患者精神的摧殘要超過對肉體折磨的千百倍。

　　我的同情心被叩響了，寫信鼓勵她堅強過好生命的每一天：生活或許可以毀滅一個人，但絕不能戰勝她。她的回信灑脫而自然：謝謝你來自遠方的關心……同時，也希望你能原諒生活的道路是充滿崎嶇的。當你遇到挫折哪怕萬念俱灰，也別忘了希望還在，因為你擁有健康的身體；當我不再健康的時候，我也絕不失望，因為我還擁有一顆健康的心；當我的心也告別這個世界的時候，我絕不會恐懼，因為我曾經健康地生活過……我的心震顫了。我不知道她面對死神時，靠什麼力量引導人生不惑，支持精神不死。

　　朋友說，這是因為她心中有一雙生活的翅膀啊！健康是一雙生活的翅膀。這時，我們才發現健康是多麼可貴的幸福，生活中不乏有人常常忽略沒有腳的人，而只是在意自

己的鞋子不夠高檔。就像某部電影所表現的，當有了高級的鞋子時，自己已經穿不上了。這樣的生活把人折磨得欲哭無淚。其實，很多「驕傲無知的現代人」對於健康是「不懂得珍惜」的。因為對健康的擁有與生俱來卻忽略了健康的可貴。殊不知，沒有健康的身體還有健康的心靈；沒有健康的心靈還有健康的回憶，最可憐的應該是那些不知健康為何物的失去理智的人們，為了一些遠離生命本質的微薄利益而沾沾自喜。

因此，很多「生活的翅膀」殘缺不全的白領面對著遨遊天際的鯤鵬，那眼界自然就差得遠了。

從亞健康走向健康

很多人都不健康了，但是又查不出什麼病，於是就說自己亞健康。白領當然不會逃出這個循環，並為改變現狀積極努力，但卻可能越來越糟糕。比如說白領很有可能損傷肩頸背部，因為整天坐在辦公桌前不動，使腰部椎間盤承受巨大壓力。從醫學角度來講，腰部椎間盤不透過動靜脈血液循環，而透過流體循環來獲得營養。坐姿使得新營養物無法進入，廢棄物無法排出，椎間盤能力將大大下降。為此，白領要隔段時間站起來走動，加強腹部、背部、腿部和臀部的鍛鍊，避免或減少背部受傷的可能。從亞健康走向健康，絕不能一蹴而就，而應該從多個方面加以調節。

　　好在白領有時候自覺地拒絕亞健康的光臨，可見，生命中古樸的元素沒有全部離開他們。當看到藍領為了解除工作緊張壓力，經常到人聲鼎沸的酒吧或娛樂城放鬆，他們覺得那樣不能啟動身體所有的細胞，因此，可能偶爾也會參加，但是，絕不讓夜生活症候群危害身體健康。白領可能會在週末不知疲倦地購物，在灑脫的消費中流散掉壓力，一旦感到適得其反，她們就告誡自己，遠離瘋狂購物症候群。白領大都怕黑，她們願意將室內照得亮亮的，誰知竟會眼睛疲勞引起頭痛，再加上空調的干擾，就可能有空調症候群。白領的總運動量不多，長期伏案工作的她們容易患肌少症，應該要健身運動加以改變。

　　白領的亞健康與惡俗有關聯，誇耀、攀比、浪費等都在不同層面傷害健康，而又不為白領所察覺。近年來，豪飲是一種新貴的交流，數百數千元一杯名酒被一口一口喝掉。為展示品味以及豪氣，個別白領當然要以傷害肝、脾、腎為代價，接著感到各種不舒服。更何況，他們感到生意忙、失眠，每天得喝半杯才能入睡。看來，亞健康的侵入並不是偶然的，其實，生活的活力就掩藏在平淡瑣碎的生活當中，只要找到健康的規律，就能夠輕鬆度過每一天，天天高枕無憂擁有好的心情。

　　有些白領睡眠不足，因為在工作時哈欠連天。當然這與

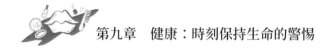

人的體質有關，有的人每天只睡眠五六個小時卻精力充沛，有的人一天睡十幾個小時仍然感到疲乏。這裡還有睡眠品質問題，白領生活工作壓力大，躺在床上數羊、喝牛奶等都不一定管用。究其原因，大概是運動過量、受到某種打擊、情緒特別激動等引起大腦興奮，至於說由精神或身體疾病造成的情況就更加明顯了。此外，酒精、咖啡因、類固醇等藥物或食物也會引起失眠，長期失眠注定會亞健康。

如果白領為此長期吃安眠藥，產生依賴感，就更不是一件好事了。白領在失眠時可以找找原因，比如說有什麼壓力？什麼使得自己很難過生氣或興奮？是否因為環境的因素？而且，可以多做這方面調節，維持規則的睡眠。白領應該適當地在睡覺前做溫和的活動，控制白天在床上的時間，營造舒適的室溫、燈光、床墊等，避免在臥房看電視、打電話、討論事情，而晚餐後不要喝咖啡、茶、可樂和酒，至於抽菸更應該杜絕，最好也少喝水及飲料，睡前不宜吃太飽，再泡個熱水澡，若有條件利用肌肉放鬆自我催眠訓練改善睡眠品質及失眠問題，就會找到生命的健康的維度。

體驗燒腦行業的自我關懷

知識經濟時代醞釀了很多燒腦行業，他們吃得很飽，可是，胃裡的東西似乎並不是自己的需要；他們睡得似乎很好，

殊不知，夢中總是被客戶的電話打擾；他們勤奮地在城市奔跑，可是，自己的理想與現實總是有一步之遙。最糟糕的是，燒腦行業們知道自己的尷尬，但是，擺脫起來卻不是一件容易事。於是乎，在不斷成功中接受紛至沓來的種種不如意，由不良的情緒控制的健康似乎也在提醒身為燒腦行業的白領，不要做捨本逐末之事。令人遺憾的是，這種提醒不僅沒有解決問題，似乎還加深了煩惱程度。

自知淺陋的我不才也是一介燒腦行業，白天與康德、海德格、薩特等人的思想為伴，晚上坐在電腦面前編織詩歌散文隨筆的綺麗之夢。本來是很不錯的搭配，但是，會遇到剛到雜誌社工作的年輕編輯約稿，她們自己還沒弄明白媒體的風格，就輕而易舉弄到了我的稿件，然後打電話要我改得「痞」一點，據說是為了去適應消費時代的需要，這讓追求卓越的我感到為難。應該說她們都是白領，自然也是燒腦行業，身為編輯的燒腦行業讓身為作者的燒腦行業感到用腦的辛苦。直至在報上讀到有關心理美容的文章，我才想起有個中年畫家曾經提醒過我要對自己好一點，於是，忘了那幾個沒事找「痞」的年輕編輯們，找了一家健身房做大腦健身操。

之所以選擇這家健身房，是由於有一位在電視臺工作的朋友，都是四十好幾的人了，看起來卻跟大學生似的。按理說他的工作非常的辛苦，也從來不上美容院去「改變」自己，

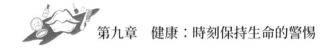

究其奧妙，似乎與健身有關。這種體驗頗能引起興趣，可是，到了這家健身房，才發覺其中並沒有任何奧妙。能否保持青春不老，全在於是否領悟到心理養生的真諦，古代沒有眾多化妝品，但女子卻「冰肌玉骨」、「膚如凝脂」、「面若桃花」，穿著時尚的健美教練告訴人們要修身養性、平和、恬淡，因為科學的美容如今已經包含了整體、自然和健康的含量。

如今，大腦健美操已經成為頗受歡迎的旨在提升大腦創造力的培訓課，在健身房開設健腦課，幫助燒腦行業恢復和增強腦功能，完成頗具誘惑力的腦部美容，確實是簡單鍛鍊四肢之外的有品質的健身創意。而且，因此設計出來的「健腦操」操作很簡單，效果卻很明顯。當教練在悠揚的音樂中告訴我要樂觀開朗活潑時，我決定不給那幾個年輕編輯改稿子了，並因此想到她們沒組到好稿子被主編罵的情景，這讓我感到輕鬆愉快。緊接著，我就閉上眼睛，深深呼吸，將頭腦中想像的意境醞釀成一篇優美的文章。

整個一套健美操下來，感到疲勞在一點點消除，為創造和思考提供了新視角。只是覺得對那幾個年輕編輯的假設，構置了我做操中的情節，其實得感謝人家，畢竟提供了物質和精神食糧。所以說，還得把稿子改好，只是在傳稿子的同時，又給編輯們 E 了一封簡訊：「春困秋乏夏打盹，從睡夢中醒來，做了一套大腦健美操。這次給你們把稿子改好，但

是，你們不能看誰老實就讓誰改稿啊，不能讓脾氣好的人做過勞賠本的事啊，不能因為人家善良就⋯⋯啊⋯⋯這似乎也能構置這幾個編輯大腦健美操中的情節，從而提升現代養生品質，如果他們真正領悟到心理養生的真諦的話。

健與美

「流水不腐，戶樞不蠹」，經常持續伏案工作的白領應該養成體能鍛鍊的習慣，從而有效地增強身體的功能。尤其是避免富貴時尚病，它們會伴隨著都市白領生活品質的提升，像調皮孩子悄悄地黏上他們。只有運動鍛鍊，才能養心健體，促進代謝充分發揮大腦功能。白領要保持旺盛的精力，敏捷的思維以及健美的體魄，似乎不能與健美無緣。時尚病的「罪魁禍首」是知識的匱乏和生活的紊亂以及不規律，多食高油脂、高糖分、少膳食纖維，起居時間紊亂，自然使得富貴病的發病率日趨提升。

白領應該在工作的空隙做做操、望望遠，並調整飲食起居，在節假日去爬山或跑步。健康是人生的最大財富，也是飽食時代的憂患，贏得健康需要充足鍛鍊。如今，健美已經成白領的某種需要，尤其是肥胖者更是信誓旦旦。白領還要有規律地參加體檢、調養和治療，在短缺經濟時代，攝食以低糖低脂的穀物、粗糧、豆製品、蔬菜等為主，而在飽食時

代，一切都被高糖度高脂肪高膽固醇的食物覆蓋。這種飲食的幸福背後隱藏著極大的危機，卻為白領所渾然不覺，而長期的不健美已經為疾病的侵入提供了各式各樣的契機。

白領如果能在工作中「平衡」利用身心功能，自然能獲益匪淺，「平衡」包括腦力與體力、左腦與右腦、大腦各神經中樞、站、坐、走、用眼與用耳等。經常健美的白領一般都能充分發揮生理和心理的功能潛力，根據自己的工作特點，使保健與工作有益身心健康。而且，從人體美學的意義來看，白領的形象的自我塑造也能增強與客戶來往時可能展現出來的美感。沒辦法，這個時代似乎太挑剔了，任何不完美都有被淘汰的理由，而完美僅僅是一種目標，所以，白領總是感到如履薄冰。但是，如果以傷害健康為代價，都會遭到她們的拒絕。長期在新裝修的封閉辦公室裡工作，頭昏胸悶的白領一定會跳槽，他們知道什麼更重要。

白領健美已經逐漸形成潮流，這個時代拒絕很多夢，似乎並不拒絕自我形象塑造。而健美無疑會增強生活的「味道」，使得男人更英俊更灑脫更酷，女人更健康更隨意更美。白領從來都不會站在潮流之外，因此，每到週末都會看到他們健身的身影。講求生活品味的白領可能願意到品質環境氛圍好的健身房鍛鍊，也完全能夠如願，白領的自由選擇意義的確被最大程度地認可，健美的價值也自然就有了內在的維度。

不健美的白領還可能有安全的困擾，防身術的缺乏會帶來處境的不樂觀，因為生活在強強聯合時代的弱者沒有發展空間。站在家門口找鑰匙都會害怕，回家的路上如果有其他車跟著，就感到可能發生意外。甚至在坐電梯的時候，也注意共乘者是否面露邪惡，到公共場所喝飲料怕被下藥。如果體魄勇猛，自然排除了很多隱憂，甚至成為社會穩定的促進力量。健美的白領一般少穿高跟鞋，為的是避免腳踝損傷或閃到腰，對健康有害無益。經常健美的白領自然有信心定期做健康檢查，更不會諱疾忌醫，因為她們是健康一族。於是乎，我們就看到穿梭在職場的白領大都洋溢著某種健康的氣質，他們都是多好的同事啊！

白領養心丹

據說如今全球每年約有 100 萬人自殺，已經成為嚴峻大眾健康問題，在一張報社傳真照片中，可以看到一個叫彼得‧克拉克的澳大利亞人在雪梨馬丁廣場上擺放了 4,436 個白色花圈，代表了該國在該年因自殺而失去生命者的人數。這樣，身心科醫師的日常工作量越來越多，因為越來越多的都市白領把心理健康當作時尚消費。尤其值得一提的是，心理諮商業主要面對健康人，以擺脫她們因各種原因造成的日常心理壓力。而白領也逐漸接受並願意到心理諮商門診排除

壓力，意識出現了「心理狀態軀體化」，他們也會將頭痛、頭昏、渾身不適、倦怠、肢體疼痛等都歸結為「煩」。

走進諮詢門診的以教師、技術人員、公司職員等為主，她們的文化素養、社會地位和經濟收入都較高，但是生命中總有一些感覺需要加以平衡。尤其是她們對自己的要求和生活期望值遠遠高於正常人群，而情感需求和生活時尚追求很容易讓她們鬱鬱寡歡，這都要富有經驗的醫生站在客觀的角度加以剖析。必要的時候，還應該制訂合理的治療方案，透過諮詢者自我調節恢復愉快的心境。長此以往，他們可能會找到各種對話與發展的平臺，最終獨立面對各種問題。因為她們已經學會了適應緊張感、壓力感和焦慮感，引起恰當的心理應激的反應，透過多種因素的調節，產生較好的適應能力，提升心態。

白領自我保健的重要內容就是緩解緊張，避免工作及生活的煩惱，轉移積鬱在胸的憂愁。即使不去心理診所尋找答案，也應該找知心朋友聊聊，一起出去走走看看影視之類。千萬不要壓抑自己，痛哭也是一種自我保護措施，能使不良情緒得以宣洩分流。當痛苦難以抵擋的時候，也不要拒絕「溫柔的精神按摩」，透過勸導、啟發、安慰和教育使認知、情感、意志、態度、行為等發生良性轉化。尤其是當資訊革命勢不可擋地在世界各地蔓延時，也可能採取安全的方式加

以網路嘗試，只是應該注意，網路的生活不到萬不得已時，千萬別移植到日常生活之中。

還有很多實際措施可供操作，比如說在下午1點到3點，也就是在身體最鬆懈時，稍微休息以擺脫壓力的控制。不要經常在黑暗中沉思，弱質光線能使人憂鬱，所以要保持室內光線的充足。適當時還應該到森林晒太陽，暫時放下所有的事情，讓氧氣充滿大腦和心房。海邊也是好去處，傾聽海濤、鷗鳴、水波聲能使人心情放鬆，如果不能到海邊，也可以播放白噪音，也有獲得異曲同工之妙。白領的養心丹無色無形無味，充滿了現代精神和價值判斷，對於減少職場的摩擦指數具有極重要的意義。

有時候，跟孩子在一起看看卡通也好，後兒童時代的白領能讓自己找到回歸童年的契機。讓她們找回美好回憶，這些讓她們明白善、惡、勇敢、勝利、堅強、情意等人生內容的卡通可能對她們如今的生活也有新的啟迪。「倒退二十年美麗的卡通」十分誘惑白領，為商家和白領提供了雙贏的平臺，商家看重的是利潤，白領看重的是擺脫煩躁回歸快樂找到精神的養心丹。

溫暖中的疼痛很傷人

　　人類走到今天，逐漸以物質的方式驕傲地告訴世界，我們的生活狀態已經更新了有史以來的記錄。比如說居室條件的改善，交通工具的發展，還有休閒品質的提升。城市的白領一族可以在空調的營造中，看著手機聽著 mp3 敲著電腦，什麼時候想到外面買瓶醬油，還可以搭電梯。但是，還是有些事情很遺憾，因為我們幾乎感受到了有史以來最普遍的疲憊，8 小時工作之後，還要有很多莫名其妙的辛苦。特別是回到家裡，在原本溫暖的空間，我們又從媒體上讀到有關居室隱患的文章，自然也就又開始緊張了。

　　這就如同我們試圖把生活過得更加精緻而吃細糧，後來才發現玉米其實更有益於健康；如今的汽車、空調、電視等的普及極大地減少了人們的活動，於是，舒適得只相信「生命源於靜止」的人們逐漸體驗到心腦血管疾病等的恐懼了。這樣，健康專家就不得不說，我們在危險的環境中危難著，卻渾然不知。特別是身邊可愛的孩子，對於他們發生的危險似乎更多，因為他們好奇，可能就試圖把某根電線從什麼地方拆掉，或者嘗試嘗試微波爐到底有多少熱度，這類事情有時一想起來就讓人擔憂。

　　你還不能把家用電器的構造清楚地跟孩子講明白，還不能不告訴孩子們家電的危險程度，但是，如果只告訴注意危

險的發生，他們大抵就只會恐懼，甚至因此得了什麼病，那簡直就像是在說大馬猴子一類的了。白領擔憂的正是溫暖中的疼痛，更讓人彆扭的是，我們舒適家庭中還真就隱藏著危險，最近的研究成果表明，兒童罹患白血病跟家具中某種化學物質有關。還有人說塑膠將是人類繁衍的天敵，這些白領都不怎麼注意，但是，周圍很多朋友的疾病越來越古怪倒是事實。以前誰聽說過如今醫院裡津津樂道的疾病呢？

這種擔憂讓白領有些神經質，看似溫暖的事物往往最寒冷，這的確是一種悖論。白領知道，不能只知道自己在活著，還必須知道應該怎樣地活著。於是，我很想知道上述問題的解決辦法，在一次沙龍裡遇到幾位醫生，他們提不出什麼現代方案，只是告訴我要經常運動，不要以車代步，多吃蔬菜……我漸漸發現一個問題，當今的都市人有勇氣使用各種現代生活方法，卻沒有能力解決這些方法所帶來的負面效應，就如同人們發明了原子彈，卻無法保證自己生活在可靠的安全之中。

所以，很多聰明的白領到鄉村、田園、海濱體驗野性旅遊的快樂。一開始當然不錯，可是他們把城市的問題逐步帶到鄉村、田園、海濱，於是出現了越來越多的環保問題，風景秀美的旅遊區總不能讓垃圾什麼的包圍著吧？一來二去，白領連療養的地方都沒了，這到底是誰的錯呢？當務之急

是，回家檢查檢查周圍的隱患，然後吃點蔬菜，換上一身運動裝，繞著城市不多的幾塊綠地跑跑，之後洗個熱水澡，跟自己說「淡泊明志，寧靜致遠。」這時候感到的溫暖就很切實，誰也不會受傷，白領的發展就可以避免來自健康的困擾。當然，還可以輔助地喝綠茶，預防腹瀉降低膽固醇且明目。或者用巧克力減輕焦慮，或者來一點紅酒，只要不過量就好。

擺脫「富貴病」

人有時候是很奇怪的，似乎總是要發明出讓自己得病的新生事物，一般來說，新生事物都涉及到智慧財產權的問題，因而表明社會的進步，這一點為白領所熟知。可是，健康的問題都聽自然規律的，人們的一廂情願不起決定作用，於是，人們也就得了空調症候群。從構造特色來講，空調最大的好處就是人為地調節室內溫度，它的局限是範圍的固定，只能在一定的居室內施展才華，而更重要的是，空氣不能流通。在開放的環境很難感受到空調的意義，你把它弄到大自然去，它的那點微末道行簡直就如同孫悟空之於如來佛了。

空調症候群應該算是一種富貴病，跟肥胖病、近視眼什麼的大概差不多，都是生活水準提升的副產品。說得再簡單一點，就是因室內缺氧而造成的一種眩暈，殊不知，大自然的規律就是流動，死水除了發臭令人作嘔之外，不可能為人

提供某種心理上的愉悅。同樣的道理，幾天都不換的空氣對人體不會有什麼好處，而且，白領一想這件事就感到不適，在某種意義上講，這簡直等於把自己吃的東西吐出來，然後再吃進去再吐出來。周而復始地不斷降低著生活的品味。而無品味的生活是白領所不能忍受的，她們自然就有理由拒絕空調，因為她們要與大自然交換新鮮空氣。

白領健康試紙

　　表情是白領的健康試紙，從一個人的臉色可以看出很多問題，包括健康情況、發展狀態以及心情如何等。由於乾燥地區連年乾旱，年均降雨量不足，蒸發量卻很高，燃燒的空氣使駱駝的主食馬蓮草幾近滅絕。馬蓮草是沙漠中最耐旱的植物，也在乾旱時化為塵土。於是沙漠中最耐活的駱駝營養不良。

　　另外，雜誌上也曾刊登過一篇文章，光用觸目驚心來形容是遠遠不夠的，用喪盡天良來形容並不過度。一些盜獵者為了獲取熊膽、熊掌，黑熊們慘遭殺戮。幾隻黑熊發出哀號，被抽取膽汁之前渾身顫慄，小便失禁，事後蜷縮一角，眼中充滿著淚。我想任何有人性的人，包括有血性的漢子，都會深感辛酸。

　　於是，我就開始留意動物們的表情，這一觀察倒好生吃驚。動物們大都不會笑，至少牠們笑起來是什麼樣子我們還

不太清楚，也可能由於我們對於動物的喜怒哀樂根本不屑一顧，人們更喜歡看牠們對自己撒嬌，更在意吃牠們的肉，喝牠們的血。小時候，就聽說每當殺牛的時候，牛的眼睛是淚汪汪的。後來在動物節目裡，經常看到豹的眼睛迷離的對著鏡頭，狼的眼睛透露著復仇的恐懼，象的眼睛流淌著慈祥的悲傷……一些生命幾乎悲傷到了要流淚的樣子，這或許不是什麼正常的狀態，這個發現讓白領不解。

有一天，走在大街上偶爾抬頭竟碰見對面樓頂的一張巨大的路牌廣告，廣告上有一個美麗的白領動情地笑著。我很關心她的這種笑容跟內心有沒有實質的連繫，這樣的廣告文案似乎略顯單薄了些，但也從另一個側面反映了一個問題，白領生活中保持的笑容有多少？我們的表情中是不是具有對不起大自然的某種做作。

關於那些導獵者們一定都感到很慶幸，因為自己這輩子做了萬物之靈長，於是便可以為所欲為，無休止的體驗屠戮的快意，如果有來生他們自然還想選擇做人。但從道德的意義考慮，他們似乎更應該走到自己希望的反面。也許我的擔心和考慮都顯得有些多餘，但清醒地尊重人類之外的生命，總不會是一件太難的事情吧！而白領提升健康試紙的PH值，應該不算是什麼奢望，因為她們在磨練中品悟到了生活的本質追求。

白領維他命

穿著筆挺的西裝，保持文雅的儀態，嫻熟地敲打鍵盤的白領總是吃著維他命。因為她們年紀輕輕地就經常感到疲勞、頭疼、嗜睡、脫髮、食慾不振、視力模糊……這個年代的時間就等於金錢，只有加快趕超，才能力爭上游。唯一的解決辦法就是補充各種維他命，她們每天都要花大量時間在室內工作，運動少，接受陽光的照耀不充分，易發生維他命 D 不足；如果平時飲食搭配不太合理，食物單調，就容易造成鈣、鐵、鋅、維他命 A、維他命 B_1、維他命 B_2、維他命 C 等的攝取不足。長期缺乏各種維他命，就會影響鈣的吸收利用儲存，以及視覺、味覺和神經系統的功能。

白領維他命的補充應該從內到外完成，這樣才能達到治標又治本，以提升改變自我的速度，比如說每天清晨起床後，可以在室內或室外跳繩。這已經被驗證是最有效的一項運動，而且費時不多耗力太大，可是最終效果很不錯。緊張工作激烈競爭要求知識更新日新月異，白領絕不能不在意睡眠不足，飲食生活不規律。白領實在太「忙」了，真正是投入地忘了自己，尤其值得注意的是，有的白領怕發胖，不合理的節食挑食，甚至使用飢餓法減肥。殊不知，長此以往，會造成營養不良、能量和營養素不足，從而感到精神不振疲勞乏力，至於說工作效率就很難保證了。

　　對於以腦力勞動為主的白領來說，應該補充腦維他命 B 群，多吃動物肝臟蔬果等富含維他命 B_9 的食品。如果白領要增強記憶力，就應該多吃肉類、魚類、蛋類和乳製品，值得注意的是，每天都應該食用足夠量的綠葉蔬菜、洋蔥、櫻桃、李子和蘋果等，而植物油、穀類、核桃、綠葉蔬菜和蛋類等還可以提供維他命 E。如果不慎感冒，就要喝薑湯按摩太陽穴擦萬金油……偏方還是可靠的。糖會使人發胖，長期過量食用會影響胃腸和心腦血管的功能，使得身體的抵抗力下降，但是餐後吃一點糖果，對身體也有益處。此外，還可以使用傳統辦法改善身體的狀況，比如說以手心壓住鼻尖，畫圓周般按摩 30 秒，從而放鬆神經促進消化。

　　就知識層面而言，白領還應該補充「維他命」，從而增強職場競爭力。比如說他應該很博學，能指著旅館牆上的油畫，說明作畫者的作風、時代背景或有關趣談。在日常交際種，使用充滿激昂頓挫的聲調和表情豐富的語感，對機會的把握恰到好處，分辨出事情的來龍去脈和「是非曲直」。這比沒事在發呆強多了，機會其實都是在不知不覺間消失或獲得的，當失敗的時候，白領一定會迎來蒼白的苦臉，那是「維他命」不足的表徵，而補充這種「維他命」的難度絕不是吃幾顆藥所能完成的。

跟《本草綱目》學當代養生

　　按照如今的分類標準，李時珍應該算是個粉領，因為他的行為很自我，這不僅表現在他的鑽研，還表現在他的成果創作，是一種自由狀態，好在他本著負責的態度，容納了前人的勞動成果。《本草綱目》從第一版到現在已經有四百多年了，出版過數十種版本，並被翻譯成英、俄、日、法、德語出版。由於內容繁多，介紹非常翔實，應該為當今白領的預防醫學、養生保健、科研和教學等提供準確詳實的資料．為此，白領似乎應該跟《本草綱目》學現代養生，從而提升自己的發展潛力、健康指數以及生活品質。

　　粉領李時珍在明世宗年間的某個鄉村的一棵大樹上搭了個草棚，凝神觀察樹下的動靜，有一隻穿山甲正用前爪抓著土堆。土堆被抓開後，鑽出成千上萬隻螞蟻四處亂竄，穿山甲伸出又細又長的舌頭，黏滿密密麻麻的螞蟻，將螞蟻全吞下肚裡。為此，白領應該在螞蟻的藥用價值上做文章，從而為自己和他人提供妙方。當時的李時珍就是這麼想的，科舉考試失利後，根據實際情況，親身試驗傳統藝術的說法正確與否。當時已經有《神農本草經》、《唐新修本草》等流傳於世，為了改正其中的錯誤，如白領一樣辛苦的李時珍在行醫的同時，閱讀 800 多本醫學參考書，完成一本較可靠完整的

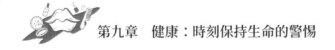

「本草」，集歷代本草學之大成。

李時珍身為植物學與藥物學的一顆璀璨的明珠，在當今時代的白領應該加以研究，這個念頭是我的一次經歷引發的。因為當天晚上要去參加宴會，我在中午和好友一起吃頓飯，此前在大街上買了桑椹。其實也沒想買，主要是覺得賣桑椹的大媽挺不容易，而買來了就得吃，於是就和朋友吃光了，晚上喝了很多酒，誰知竟然不醉。晚上回家翻看《本草綱目》，不了正讀到這段「桑椹，解酒毒。」頓時有豁然開朗之感，這種歪打正著讓我看到了《本草綱目》提供資訊量的豐富，拋開個別篇章外，在後來確實領悟到了很多養生方法。

《本草綱目》文字不艱深，而且還文圖並茂，這一點很為白領的閱讀提供幫助。奔走在紛繁變幻的職場，白領也該歇歇了，至少得給自己點養生時光。否則，人生的目的意義價值何在呢？而且白領的養生應該是一個互動式過程。因此，如今的很多職場都給白領提供有薪假的機會，「以人為本，以事為謀」。要麼徹底做「自由白領」，時間、工作量或任務計算報酬都很自我，養生的渴望也不會遭到抑制；要麼就控制自己在職場的奔波效率，一旦突破了自己養生的時段，就應該理智地回歸日常生活，為了將來能做得更好。

閱讀《本草綱目》得花一陣功夫，這也在考驗白領的踏實程度，因為坐不住板凳的人是很難在醫書中游弋的。在這

個意義上講，閱讀本身就意味著養生的開始，至於說書中的忠告也可以有選擇地吸收。而且，面對做「粉領」的李時珍，白領自認為能夠跟他產生對話。從而找到超越自我的好契機，這個時代既考察人的橫切面，也不會忘記人的縱切面。如果不能想到最後，白領一定會感到遺憾，為此，也要保持健康的體魄，在食物等的攝取上避免走進盲目的盲點。長此以往，白領自然能夠遊刃有餘地找到感覺，從而對《本草綱目》的了解逐步加深。

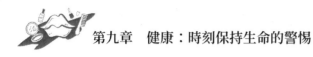

第九章　健康：時刻保持生命的警惕

第十章
快樂：拒絕灰色情緒

別拿錯誤懲罰白領

　　生活中經常會遇到煩惱，總有人暴跳如雷，他們感到自己很受傷。殊不知，這恰恰是拿別人的錯誤來懲罰自己，最終得不到任何補償。在職場上奔波勞累的白領應該找到自己的方向，以便在喧囂都市的後花園找到生命的港灣，慢慢地品嘗勞累過後的甘甜。而大多數時候，白領應該寬容，「以責人之心責己，以恕己之心恕人。」這樣才能將快樂看作是心靈的底色，但是，日常生活中的白領總會覺得自己比別人好，樂於成人之美的人實在是鳳毛麟角。每個人都拿生命中的全部來愛自己，甚至以攻擊別人的方式來保護自己，可就是沒有得到快樂。

　　凡事都講究物以稀為貴，「如果我們選擇了最能為人類福利而勞動的職業，我們就不會為他的重負所壓倒，因為這是為全人類所做的犧牲，那時我們得到的將不是一點可憐的快樂，我們的幸福將屬於千萬人。」可見，成人之美是一種多麼偉大的素養！它是快樂的泉源之一，白領在為人生做奮鬥的努力之前，應該懂得「仁者愛人」。特別是在自己已經成功的時候，幫別人只是舉手之勞，何必猶豫以至拒絕呢？殊不知，職場也需要寬鬆的空間，如果發現同事的缺點和不能容忍之處，要巧妙而藝術地提出，避免當眾批評和指責。同事工作生活上有困難，要盡力幫助，尤其在同事升遷加薪

時，雖然不免有所失落，也要大方真誠祝賀他。

凡此種種，給周圍的同事一個笑臉，他會還你一片燦爛陽光。彼此相處愉快，工作中互相就不會蓄意找麻煩，達到「零干擾」。否則，白領可能總找不到地方坐下一起聊聊，要不然就是在辦公桌旁拖把椅子，幾個人竊竊私語。而這一類做法都不會得到快樂，因此，白領總是感到很乏味。有時候，她們寧願相信自己在工業時代的座標是現實存在的，因為來自於電子遊戲帶來的快樂超過了周圍的朋友所能賦予自己的。面對「獨樂樂，眾樂樂，孰樂」的問題，她們寧願選擇前者。而人際社會中的自我是難以長久快樂的，如果說是喧囂過後的一種平靜，倒是生命的需要，如果一味地沉浸自我的對話，遲早會黯淡神傷，更何況，寂寞的時候會因為愛的缺失感到人生的冷寂。這在拿誰的錯誤懲罰自己呢？白領無法回答，甚至對自己的品味發生懷疑，從而感到更大的不快樂。

積極的白領總是思索自己在社會中的位置，絕不會從自己角度考慮問題，而這種思考恰恰是最有利於自己的。這意味著一種包容因數存在，意味著她們還知道自己的價值，意味著快樂的本質還在。因此，她們與消極的白領總是有一種天然的差別，在某種意義上講，他們在自覺地接受快樂，而另一類人卻是營造，營造是絕不可能持久的。更加可貴的是，她們一旦遇到棘手的問題，總能準確地判斷出問題在哪

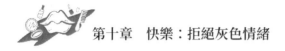

第十章　快樂：拒絕灰色情緒

裡。她們絕不會拿別人的錯誤來懲罰自己，因此，她們是聰明的。聰明的白領不會失落，她們是很向上的，因為她們感到快樂。

這樣，她們就覺得感傷的人很做作，有時甚至很無聊。明明很容易就會得到的事情，很多人總在等待中蹉跎困惑，而邁不出人生的第一步。而成熟的白領往往不會為改變消極者做出自己的努力，因為他們覺得改變一個人的看法很難，而悲觀又是很容易傳染到自己身上的。

忘記無謂的瑣碎

時尚是個模糊的概念，就如同年輕也很模糊，當然年輕主要指的是心態。就像在網路時代，把心鎖在一個不知名的角落裡，一定是不入流的。因此，白領的心靈通常是不上鎖的，而職場的瑣碎又讓她們難以感受到生命的快樂。即使如今的時尚將白領的眼睛昏花，聰明的白領也肯定能把握它，把握不了仍然緣於心態。她們自從某日突然想起自己屬於「新人類」，真有老了的感覺。這不是作秀，面對「新新人類」，她們確實還有些保守的痕跡，特別是這痕跡竟還難以揮去。

如今的時尚似乎專門是為新新人類安排的：軍褲、板褲、厚底鞋，披肩寸頭短長穗，身上套著一件印有卡通圖片的土黃碎花布。年輕的時尚就是如此充滿勇往直前的勇氣和熱

情，白領就是喜歡它們有時帶點陶醉的味道，每次在舞廳門前看到一群愉快奔放卻明顯迷茫的年輕臉孔，內心裡可以說是波瀾起伏，不覺回想自己是不是也曾肆意地揮霍時光。對面的女孩們大學剛畢業就站在臺上，對於貨幣盡可能自給自足，自由自在地換手機、穿名牌、做代理、上網和同居……

在新新人類眼裡，時尚的快樂是無所謂範疇及理念的，所有的原因都能概括為年輕。我在回顧自己 20 歲經歷的時候，總不免有點傷感，那時從沒聽過高空彈跳。我是個乖乖牌，只知道刻苦讀書，上大學之後才知道潮牌和精品。大學時代應該說是我充滿遺憾的歲月，在最應該綻放的時代，我似乎並不懂如何令它燦爛。那時的我沒有和別人結伴去冒險，沒用各種表情符號結交網友，只在武俠和文學裡憧憬未來。

這也是白領所遺憾的，為了去彌補遺憾，她們也試圖讓自己變得年輕。隨著時代的發展，30 多歲的白領如今也開始上網了，但他們更多的是一種工作需要。因此，必然拒絕在網上交流，所以就體驗不到網戀的滋味。

後來慢慢體會，生活純粹都緣於偶然。這時我已經坐在某個酒吧的窗戶後面，準備跟隨便的一個人講，都是資源分享的時代了，對於瑣碎的時尚潮流一類事物，還是不要斤斤計較得好。

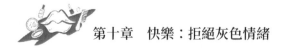

霧裡看紅塵

　　白領沒有快樂的感情，就會對生活失去感覺，因為她們寂寞。清風吹過，職場生活如抽絲剝繭，很容易讓寂寞中的白領感到煙燼灰冷。以往所沉迷的繁瑣的華美似乎變得無意義，各式各樣的擦肩而過讓他們感到蒼涼，世事無常不再回望僅此而已。實際上她們渴望一個英俊或嬌美的人立即出現在面前，彼此都陷入愛情這個冠冕堂皇的黑洞之中，然後一起過田園生活。當然，這僅僅是一種夢境，從夢中醒來的她們會毫不猶豫地投入紅塵。

　　愛情應該是什麼樣呢？白領總會幽幽地問自己，這時候，他們可能也會任性撒嬌，毫無顧忌地大哭大笑胡說八道，但是，問題並沒有得到回答，而喜怒哀樂五顏六色更是不由分說地傾倒在職場中。她們有時候過多地考慮薪水優厚的工作，在三十歲前擁有房子和轎車，以及生個孩子彌補人生缺憾。可是愛情卻是她們所不知道的，什麼時候才有一個好男人來娶自己？什麼時候才能找到一個溫婉可人的好老婆？任其弱水三千，我只取一瓢飲，白領寧缺毋濫！殊不知，她們經歷了一段時間後，才發覺最好的原來就在身邊。雲飄得累了會偶爾停泊，白領卻總找不到停靠的感覺，感情如同沒有水澆灌的玫瑰。

　　白領因此總是會感到不快樂，更擔憂有那一天自己會枯萎，職場生活中會飄出緊張不協調。有時候，與己無關的玻璃碎裂聲，可能會令白領柔軟的心結被撞擊得粉碎。她們在黑暗中不停地流眼淚，不是不想有一場驚心動魄的戀愛，是找不到愛自己、寵自己的人。剛到城市時可能也有個人與自己並肩努力苦甜共擔海誓山盟，可是後來感情就掙脫了溫暖而扎實的懷抱，痛苦與幸福瞬間被雷電擊中。儘管此後也會恍若無事發生，也會談笑風生，卻感到人生的寒意卻變得心事重重。總之，她們變成了快樂無能，因為愛無能了。這種疾病似乎要比令人尷尬的性無能更可怕，因為他更徹底，更加無可挽回。

　　殊不知，白領應該在自拯中回答好三個問題：男人需要什麼？女人需要什麼？社會需要什麼？這樣才會接受理智的實現自我的方式。這樣才不會成為「澀女性」，從朱德庸筆下的都市白領的生活情感中，他們感到了「酸甜苦辣」融會而成的「澀」。這個滋味並不令人感到舒服，有點紛亂有點漂浮不定也有點甜，在男人的誘惑與女人的幻想之間搖擺著苦。她們在自由的同時盼望「自由」有點酸，矯揉造作的天真幼稚可愛是一種辣。當一切都印證到白領身上時，「澀」就構成了人生百味之總和，白領要麼接受要麼開闢全新的生活。

　　當然，有時候事情發展可能很怪異，比如說自古美女配

醜男。白領夢想有朝一日「白馬王子」會從天而降，實際上美人要麼薄命要麼務實，她們覺得男人永遠是花心的。醜陋的英雄有強烈的安全感，再者說，男人最重要的是能帶來實際的快樂，醜男人其貌不揚卻頗有建功立業的技巧。而美女以笨居多，因為非常容易得到一切，她們無需努力提升才能技藝及學識。才貌雙全大都是假的，而「婚姻是女人的第二次投胎」，她們寧願退而求其次。這樣，霧裡的紅塵變得透明，白領也在都市逐漸找到感情的歸宿。

井然有序的白領派對

白領的業餘生活有時很精彩，如果她們願意參加派對的話，那樣會感受到文化的衝擊波。主題派對是白領宣導的新文化，在派對之中，交流是非常重要的。而身為一種需要，白領也願意走出辦公大樓，在與朋友的約會中實現交流。對於白領來說，每一天的絕大部分時間都在辦公室奮鬥競爭，打起精神來面對一切，必然能夠感受到身心的疲憊。藍領可能羨慕辦公大樓中的工作狀態，殊不知，白領渴望聊天訴苦。調節平衡心理，在苦悶的時候傾訴，在甜蜜的時候分享。更何況，派對中人是與之有類似情感經歷和生活細節的人，這樣，很容易產生相同的話題和看法。

其實在現代生活觀念薰陶中，白領需要家人之外的派

對，實現相對的獨立和自由，而友誼大都是愜意的，絕不包含糾纏的情感瓜葛。神采飛揚遊刃有餘地穿梭在歡樂的派對中，他們能在自信及灑脫中找到自己，而且白領的派對沒有嚴格的人數規定。茶館、咖啡館、速食店都可以成為理想的空間，他們一邊喝著咖啡、紅茶，一邊侃談 office 趣聞，甚至困擾自己的隱私。傾聽的人如果不能幫助，至少還可以給予慰藉，這就和職場上判若兩人。工作中的白領往往像貝類一樣鮮少交流，公司那種上傳下達、表面化的溝通難以滿足他們渴望友誼的心靈。而失去關愛的人是很難快樂的，要使世界動，一定要自己先動。

於是白領主動打電話，約朋友出來舉辦主題派對，打開冷漠的心鎖。從而在交流中獲取有意的閱歷和溫暖的呵護，白領大都崇尚拚命三郎狀態，很多人在工作之後，竟然厭食無聊，竟然無所事事。假設白領的工作在 30 年以上，那麼可以想見，多年以後，他們是很難有健壯的體魄的。理性地分析這個問題，就會得到明確的答案：與其在身體檢查之後，進醫院加以療養，不如主動地獲取健康，在職場持久戰中找到空閒時光，享受派對所帶來的自我滿足。值得注意的是，白領的主題派對絕不是公關，白領也不可能為社交而社交。這得益於現代社會人際關係的簡單化，因為八小時過後，白領的私人時間顯得非常珍貴，他們寧願獨處，也絕不在社交上消磨時光。

　　應該說他們是聰明的，他們懂得為自己活著，這是多麼可貴的衝動啊。準白領要想成為白領，可以以朋友的身分參加主題派對，了解他們的生存方式和工作態度。這樣，自己的夢想就會在現實的追求中變成現實，這也是白領最最願意看到的。在不斷的挑戰自我的時候，她們就會發覺到，挑戰的妙處在於戰勝曾經是嚴峻挑戰的事物，讓人感到無比的快意。而且，主題派對會給準白領以全新的安全的感受，「付出就會回報」，其實，自己和白領之間並沒有鴻溝，只要著意領悟，就會有希望和收穫，一切都是那麼的自然。

　　如果感受力很強，白領就能夠在一如既往地拚命工作之後，透過逛街、買彩券、派對、喝下午茶、酒吧等方式，使自己進入快樂狀態，繼而重溫自己的夢想，在回味的同時提升生活品味，改變曾經的生活。與其沉溺於幻想中，不如從對派對的感悟開始，時刻以白領為生活的鏡子，享受奮鬥，準白領就能夠獲得理想的美麗人生。因此，我們就不難理解，為什麼派對中人沒有一絲倦意，每個人都和四周的人聊得起勁，因為快樂在其中。

種植一棵忘憂草

　　童年時的白領曾經讀到有關忘憂草的傳說，並當即開始尋找，誰知直到如今也還沒有找到。特別是來到另一座城市

打拚，嘗盡人生離別，又帶著這樣的感覺飛赴陌生的國家。飄泊中的她們承載滄桑，有一種感傷情結，因為生活在一個無常的年代。變是唯一的不變，穩是唯一的不穩，而憂愁還沒有離開自己。找不到忘憂草的白領會思索著種植一棵屬於自己的草本植物，永遠都是那麼不動聲色，沉穩而誠實可靠。否則，肚皮鼓了內心空了，知識多了頭腦卻墮落，生活富裕感情卻淡化，這都令白領感到憂愁。

種植一棵忘憂草的實際操作方式就是建立自己的規則，使運作更加客觀，這時候憂愁也僅僅意味著挑戰。比如說人際關係是一個變數，有如不穩定的化學反應，因此非常脆弱；比如說勸說別人比登天還難，因為每個人都有自己的價值判斷標準，這在意識中根深蒂固；比如說應該全方面了解周圍的聲音，大家都不問為什麼時，你的工作一定是出了大問題；至於說被別人背後議論，根本不必煩惱，連神都不能倖免；而「能力不強」的同事升遷，也只是意味著正確的廢話是升遷的資本，明白這一點你就會聰明起來；不要怕得到反駁，如果只聽到一個聲音，那就不是交流而是上課……

忘憂草告訴白領，庸才、蠢才和英才之間沒有本質的區別，而危機都是趁自己不注意時累積的。如果難以接受目前職場生活，白領還可以做飛來飛去的經濟動物，因為生活中充滿了機會成本。當獵頭公司光顧自己時，白領肯定會感到

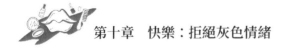

快樂，因為自己的價值被別人認可。而自己也多了談條件的資本，從一個實習生成為規範的職業白領，她們的體會還很長遠。對於來往中聽到的「沒時間、沒問題」之類的話，白領應該知道反過來聽，而且，不要隨便欠同事的錢，哪怕是一塊錢也會令人不快。白領的忘憂應該以其他人的無憂為前提，否則，沒有位置也看不到發展前景，進亦憂，退亦憂，然則何時而樂焉？

白領的苦惱有時候可以被客觀的消解，比如說在白領公寓中找到城市飄泊的歸宿，感受時尚房屋出租業的便捷。規模經營的白領公寓，也可能為了活用資產，但這不在白領的考慮的範圍。白領要發揮自己的個性能力，為社會積極健康歡呼，都市房屋出租業為她們的相對穩定提供可能。這樣，雙方就有對話的平臺，交易也就被看好。由於白領公寓由幕後走到前臺，由分散走到規模，由產品走向品牌經營，白領找到了溫暖的「家」，她們在奮鬥之後有田園牧歌式的舒適和星級服務，從而鑄造了快樂的都市文化。

為了營造時尚並快樂的資本，白領的奮鬥也變得充滿憧憬，乏味總是存在於目前的時空。只要設置了一個將來，所有的努力都變得鮮活起來，而忘憂草也會從草本轉向木本。於是乎，很多白領都走上了進修道路，為自己賦予一種可能。儘管比以前更累了，但是快樂靠近了自己，生命也開始增值。

無框眼鏡、卡布奇諾及其他

　　總有一種城市的氤氳在白領周圍繚繞，它們從別緻優雅的咖啡店飄出，似乎生來就是為了得到白領的品嘗。白領在喧囂的職場生活之後，也願意坐在咖啡店點一杯卡布奇諾。咖啡店一般都有音樂，濃郁的奶香泡沫配音樂，白領就會感受到潛移默化的咖啡文化的薰陶。貝多芬的音樂、畢卡索的畫、村上春樹的文字以及卡布奇諾的氤氳都是經典的，白領願意喝牛奶打泡且現磨製的卡布奇諾，當然得等待幾分鐘。但這是很值得的，因為品嘗讓人變得神采活潑。

　　在咖啡店每天都發生很多戀情，而戀情都伴著卡布奇諾的氤氳展開，霧一般打溼雙眼。為了短暫地逃離繁忙煩囂忙亂，她們走到了一起，單純品嘗一杯卡布奇諾。白領渴望生活的優雅而浪漫，願意演繹人生的淡然而固執，在蕾絲窗紗的陰影裡打開筆記本。旁邊肯定是卡布奇諾，流動在精緻的杯子裡，被纖長優雅的手握著。味道如生活般地有點苦，有這種感覺的白領都能感到淡淡的憂傷，因為身邊沒有寬闊的肩膀承受自己的感傷。這時候，她們終於理解了，男人臉上皺紋是深刻的滄桑。翻騰過的泡沫都已經破裂了，曾經的往事終歸於沉寂，為日後的超越提供了一種現實的可能。

　　卡布奇諾讓白領找到了感覺，這讓白領很在乎，因為可以在其中沉思讀書做自己的事情。沒有或者說是拒絕趨炎附

243

勢的不舒服不愉快，無聊也逐漸遠去，潮流的白領在這時挺身為自己辯護。她們詛咒虛偽無恥道德敗壞的行徑，只是在享受的過程中完成的，孑然一身且無牽無掛。這是一個懶洋洋的午後，白領翻閱著最近的英文報紙，帶著時髦的無框眼鏡，品嘗著純正的卡布奇諾，城市的風景就這樣被營造出來。她們覺得味道好極了，預示全新的品味時代的到來。

　　白領一般都不是抽菸人士，也感受不到抽菸的品味，至於說打火機的質感就更是一無所知了。白領願意向城外驅車到歐式建築掩藏於青山綠水中，打打高爾夫球和網球，然後品嘗一杯卡布奇諾。他們一般不會玩足球，儘管很願意看別人玩，但是不會親自去搶一身臭汗。她們渴望白領公寓挨著地鐵，這樣才能夠交通便利，在奔波中逐漸擺脫按揭付款的包袱。她們還要學會卡布奇諾的做法，以便在開始浪漫之旅時，於陽光、海水、沙灘抑或峭壁、雪山、荒漠間慢慢的調製。這裡包容著品味，穿越時空地飄散，那是怎樣香甜的氤氳呢？

　　有時候，卡布奇諾也讓人懷舊，緩緩在巷弄穿行，瞥見雜貨店裡蝴蝶的廣告畫、紀念印章、有民俗意味的老家具、銀茶壺以及斑駁陳舊的花瓶，還有黑膠唱片，似乎都可能融化到一杯卡布奇諾中。與生俱來的追求超出世俗品味理念，面對多年前的復古時尚，白領說有錢我就喝卡布奇諾。她們

還戴著無框眼鏡，穿越城市的迷離，感覺到生命的每一天似乎都是為著要尋找快樂而背著行李包的遠足。

面朝大海，春暖花開

非常突然地收到一則簡訊：春天到了，小鳥戀愛了，螞蟻也同居了，蒼蠅都懷孕了，蚊子卻流產了，蝴蝶離婚了，毛毛蟲改嫁了，青蛙也生孩子了，年輕的你還在等什麼呢？這類文字被白領看到，一定會帶來感傷，因為她們也不知道自己在等待什麼。可是總感到傷痕累累，白領各有觸角和試點，那都是骨子裡的感喟。無辜和邪惡可以同時發生在自己的臉上，無情的最高境界也正是有情，有情的最高境界也正是無情。正如同白領只有感到自己被需要著，才能領略到活著的意義，這是無論什麼價值也不能夠替代的。

如果生活只有一個中心，那到底是什麼？提出這個問題的時候，我們7個研究生坐在頗有幾分品味的茶店裡，碧螺春釀釀的氤氳中飄散著沁人心脾的清新，這是個思考超過猜測的話題，沉默了半分鐘後，我提議大家把答案寫在紙條上，按照常規的思維方式，7個人會有7個不同的答案。當紙條被打開的剎那，我們驚訝的發現，所有的答案都是一個字：愛。時空彷彿被定格了，這時，平時活潑開朗的曾經做過幾年白領的學剛眼角噙滿了淚水，這淚水一定包容著回憶

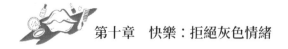

中美好的情愫。我們慫恿他講個故事，學剛點了點頭。

「我是我妻子的第 12 個男朋友，那時，我們在一所大學的外語系讀書，當遇見她那一刻，我就明白了世上有一見鍾情。那時的她儼然一個快樂的小公主，幾乎不諳世事。我不想過早的表白，從而打擾她平靜的生活。於是，默默地關心照顧她，成了生活中重要的內容。他的周圍不缺少男孩，男孩們火紅的玫瑰會綻放她的笑靨，直至有一天，我發現她談男朋友了。這對我來說，不是一件美好的事情，至少我知道那個男孩不適合她，這個判斷不久就被證實了，後來，她周圍的男孩走馬燈似的換，也就在那時，我學會了酗酒和抽菸。

在臨近畢業的寂靜黃昏，她在校園的湖邊踱步，我跑過去，看見了她滿是淚痕的臉，她說想一個人走走，我不吱聲，只是默默的跟著她。她停步，我也停步；她走，我就走。她問我總跟著她做什麼，我說，『想把四年的感覺告訴你，再送你一泓藍色港灣。』她回頭問我，為什麼四年從未提起過，我說愛一個人是把對方安置在自己的心中，她終於明白，我這哪裡是在追，簡直是固執地在等。於是，我們戀愛了。畢業後，我們倆都被分配到石家莊工作，由於不同的工作性質，兩個人幾乎一個月才能見上一面。

後來，她突然患病住進了醫院，診斷的結果是：右腎切除。為了照顧她方便，我換了一家公司，也就在那一年，我

們領了結婚證書。兩年之後,我們可愛的女兒誕生了,我也考上了研究生。卻過上了兩地分居的生活,孩子要靠她一個人照料,現在想想看,對她愛的還不夠……」一直低頭講述的學剛抬起頭,看見了周圍女孩眼中的淚和男孩心中不易察覺的疼。愛是沒辦法解釋的,也是無法抗拒的,正因為無法抗拒,我們才在不停地完善著自己的生活。對於視真愛為生命的人來說,愛情不是衡量得失之後的選擇,一旦進入最佳愛情狀態,只能有兩個結果,或者擁有,或者失去。因為那時我們都忘記了自己,面朝大海而春暖花開,置身一泓藍色的港灣中不停地旋轉,那是宇宙的中心,擁有極強的磁場,吸引著每一個活著的人。

找一面哈哈鏡

自嘲是一種智慧,運用得當可以掌握心理平衡,自然就對人的健康大有裨益。在白領的職場生活中,幾乎每天都會遇到讓人難堪的局面,冷靜應對窘境的較恰當的方式是找一面哈哈鏡。看著鏡中變樣的自己,以一種自嘲的處世態度,擺脫難言的尷尬。比如說置身舞會,個頭偏矮的男士邀請身材高挑的女孩跳舞,很可能遭到禮貌地拒絕。不必發火更不必去指責對方,應該報以自嘲的方式來解圍,這樣可能還令對方不自然起來。將自己的尷尬轉化為對方的尷尬,實在

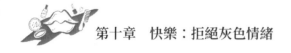

是一舉兩得的聰明舉動，這一為無數事實所證明。這就是哈哈鏡的意義，看起來有點玩世不恭，實則是贏得快樂的月光寶盒。

運用自嘲的機會很多，比如說當經濟上受到不合理的待遇，生理缺陷遭到別人嘲諷，抑或是無端地受到別人攻擊，都可以以「吃虧是福」，「破財消災」暗示調節失衡。自嘲可以恰當自如地為心靈增加保護膜，體驗快樂的人生處方，擁有平穩和健康的狀態。在這個意義上講，白領在哈哈鏡中實際上找到了另一個自己，而那個自己同樣也是真實的。自嘲的白領願意看《等待果陀》（*Waiting for Godot*），在荒誕之中釋放自己，沒有情節也沒有結局。其實那劇情簡單之極，兩個流浪漢在村路上等待果陀，果陀是誰有沒有這個人，誰也不知道。那還等什麼呢？按照白領的理解，這一定是兩個精神病人發瘋了，殊不知，荒誕恰恰是生活真實，人生多在等待中度過，沒有浪漫絢爛和熱情。

儘管生活也會山重水複柳暗花明陡起波瀾與狼共舞遭遇飛碟喜結良緣浪跡天涯五湖歸舟，但一切都是機會弄人，否則「人約黃昏後」卻不見麗人蹤。儘管都說了不見不散，儘管你早就盼著天黑，可是只有等待伴隨自己。甚至在完成一個計畫後，全部的意義就是等待其實施，就如同等待退稿或者是發表。至於說月臺上的等待就更多了，白領經常把等待

看作是一種自嘲的態度，甚至根本拒絕承認自己等待，一切都是靜悄悄革命。等待花蕾開放通知佳期誕生破鏡重圓⋯⋯她們知識暗示自己一定會有結果的，誰知沒有結果本身就意味著一種結果，這時候白領只能自嘲。

這似乎就如同發誓要中舉而屢試不中的古代文人，他們從來不放棄，直至幾十年後才青雲足下生。更何況，自嘲能使人長壽，因為生命沉浸在快樂中。白領看足球比賽的時候，總是保持一種自嘲態度，沒辦法，太沉重太壓抑太憤懣了。他們不知道踢球的人快樂與否，只是在懷疑他們的體育精神，並在賽場上捕捉健康力量技巧快樂的元素。跟著遭遇一次次失敗，她們根本享受不到快樂，只有壓力負擔和傷痛。淚飛如雨的他們流出的不是快樂的淚水，而是怎樣的無奈與絕望，他們只有自潮。

難道自己看不得淚水嗎？其實失敗也是值得迷戀的，更何況，誰說體育本身不是悲壯的呢？他們在場上盡力了，當然也輸了認了，以最悲壯的方式證明了自己的存在。只是這樣可能難以自圓其說，因為堅強的活著是為了快樂，是為了獲得征服自我的滿足。可是他們懂得自潮，世界上哪有那麼多自圓其說的事，誰說糊塗也是一種快樂？

從容產生快樂

　　人活在這個世界上，需要從容，這一點毋庸置疑。就如同距離會產生美，從容能夠產生出快樂，因為活得自然。任何人都曾經或正在心懷夢想，如同坐在一輛奔向目的地的車上，尋找生活的意義。這時候，從容就變得非常可貴，因為只有這樣才能使人保持內心的寧靜，而不至於瘋狂或沉淪。白領在知識經濟時代的求學時間大概可能超過 20 年，尤其是在準白領階段，很多人都沒有覺得自己應該用雙手實實在在地創造物質財富，以至於一位朋友在電話裡說，十六、七年來，除了應付各種考試，幾乎不知道生活還有什麼其他內容，這不得不讓人感到有點悲哀。

　　有時候看著有關留學生在國外打工的紀錄片，白領總是不明白，為什麼在國內嬌生慣養的天之驕子，到國外就變得踏實起來，繼而為來之不易的成績鼓舞。其實，有這種狀態就好，地域不是問題。一個很直觀的體會是，當我在 23 歲出版了隨筆集時，很多朋友來電話說在書店裡看到我的書了。大都會說好幾句「沒想到」，他們說的是真話，我也理解這種感覺，站在媒體炒作之外，一個年輕人默默無聞地出了本書，並感到非常從容。而旁觀的朋友就可能詫異，然後為你高興，迫不及待地打來電話。為了全面健康的成長，去完成競爭式的既定的生活，這就是從容的價值。

那是接到研究生的入學通知書之後，有一家出版機構找我，說看過我以前的一些作品，如果時間允許很願意合作出版一本關於品牌的評論。任何輕鬆的話題都是年輕人樂於聊的，於是就答應了，可是由於對方的原因，這件事就變得好像從來沒有發生過。正感到莫名其妙時，有位在出版機構做事的高年級同學找我寫點有關做人做事的書，這種文字非常容易庸俗起來，好在我想起有很多大俗大雅的民間俗語，如果存到一起附以探討意味的調侃文字，似乎不會太壞，於是如今圖書市場上就出現了一本 25 萬字的作品。

讓我感到意外的是，25 萬字的文字是在一個月內完成的，當時坐在電腦前面，感覺是跟一個什麼人在聊天，文字似乎是不由自主地在顯示器上蹦出來的。那時候經歷非常充沛，白天在外面實習，晚上對著電腦一直忙到深夜。記得當時換了好幾個實習公司，原因是自己很難和其他同學一樣跑龍套，這讓很多老同事為難。當然，跑龍套是必要的，只是這樣的時間長起來，人難免會感到乏味，同時，青春沒有價值的流失讓人感到痛苦。於是，開始尋找自己的位置，證明自己的價值，實現自己的夢想，漸漸地就從容起來了。

我始終覺得，踏實才是從容的代價，這句話似乎需要拆解。從容一定要付出汗水，而只有付出辛勤的汗水，才會感到踏實。這種狀態的兩端都非常向上，人就在這種向上的張

力中思考和行動，從而成長自己的見識，提升自己的品味。其實，準白領應該以不同的方式參與到社會中來，正如進修的白領擺渡在工作與知識之間，很容易找到現實的平臺。這會逐漸變得必要，只是類似的事情都遭到炒作，交流也就不可能徹底，就比如寫書，年齡不應該構成關心，應該更多地關心內容。這件事由讀者和市場來打分，否則，我們的生活會離從容越來越遠。

第十一章
休閒：把狀態調整到最佳點

走向荒野

據說在城市熱鬧得疲憊的白領都渴望「回歸自然」，但是，「回歸」的方式很奢侈。精心準備之後，他們要戴上太陽眼鏡、穿上登山鞋、塗上防晒霜，此外，還要背著水壺、雨衣、地圖、指南針、手電筒、感冒藥、OK 繃、止痛藥、消炎藥等的旅行背囊，然後，才能興高采烈地隨著旅行團到距離城市不足 5 公里的郊外去「野外生存」。

這樣，就不免有人認為這種「回歸」過於矯情，他們要麼保持沉默，繼續以往的生活，把矯情的人當作飯後的話題；要麼「玩得就是心跳」。後者常常在選定方向之後，沿著人跡罕至的路線瘋狂前進，直至走到盡頭，從而形成新的景觀，帶著安全繩、帳篷和換洗衣物上路，然後喝山泉、吃乾糧、數星星、聽溪流，把往日的疲勞和乏味徹底忘掉，確實是一場難得的快樂體驗。熱衷參與其中的醫生、教授、IT 界菁英和媒體人等都不甘平庸，他們要鍛鍊自己的身體和意志，為此，一走就是數十里，他們要實實在在地告訴不熟悉城市生活的人們，什麼叫做「幸福過剩」。

有一點白領非常清楚，「野外生存」不同於普通旅遊，這是各種性格的「魯賓遜」的組合，「孤島」上的他們在培養適應能力的同時，與景區合而為一，人在畫中遊，並最大程度

地享受交友的快樂，由此，很多人在旅途中自然形成了。當
然，並不是每個人都願意搭伴，只是保持「零干擾狀態」的
人似乎有些冒險。沒有夥伴之間在補給上的互相支援，一旦
糧食儲備不足，就得找野菜充飢，甚至忍飢挨餓地跋涉。但
是，很多人偏偏迷上了這種「玩法」，沉醉不知歸路。他們往
往要反覆嘗試，時刻企劃運作下一輪的計畫。

　　由於好奇心的驅使，從而依稀地品嘗歷史的味道，聆聽
古蹟傳來多年前的聲音。對山水人情感喟時，在城市西裝革
履的他們不覺會羨慕當地人的生活，個別矯情的女孩還可能
面對種田的老農，軟語問上一句「您一輩子都在這個可愛的
山村流連忘返，毫無煩惱地穿梭在花草樹木之間，真是好浪
漫耶！」跟「龐克文化」單純在服式、髮式上的誇張相比，沉
浸在景區中的白領感受到的是一種自然的散發，崇尚簡單的
他們要在尋找自然的同時尋找到自己，從而在反叛時尚的同
時成為獨具特色的時尚。這給在都市中忙亂的人們提醒：面
對變幻莫測的時尚，與其費盡心思地追逐，還不如心態平靜
地跟自己玩呢，還有誰是時尚呢？快樂的自己就是時尚，能
感覺到時尚的我就是時尚，得出這個結論一點都不難。

藍調品味與布魯斯情結

　　很多白領都難以忍受沒有音樂的生活，這是他們做準白領時就養成的習慣，一直保持到職場生涯中。白領喜歡音樂是事實，而且還非常挑剔，因為他們要過夢幻的生活。比如說他們喜歡藍調，沉浸在布魯斯情結裡，不同於喜歡搖滾的人。

　　每一種藝術都有自己的神話，藍調來自於非洲，而且起源於貧困。美國內戰結束後，奴隸獲得了人生自由，靠故土培植的音樂自娛自樂。而很多人就在吉他、樂團、樂器中找到也分享玩音樂的經驗與心情，這就是藍調，充滿著理想自我與未來。音樂本身沒有世故的地域的不相容，據說有很多白人將臉孔塗黑，模仿黑人音樂家的演唱。白領的思考並不沉重，他們覺得這樣能夠快樂，於是就在品嘗卡布奇諾的時候，讓藍調音樂在自己周圍起舞。儘管他們不拒絕簡單的流行音樂，但是白領更歡迎雅致，他們更願意接受能看清世界的音樂。

　　最初的藍調音樂以人聲吟誦，極少有樂器伴奏，後來才日臻成熟。這與白領的品讀有一定距離，因為爵士樂竟然是奴隸創作出來的，而且最初的名字是拉格泰姆（Ragtime）。有很多白領都聽過《楓葉拉格》（*Maple Leaf Rag*），這首100多年前的曲子在美國重鎮風行一時，儘管初聽起來對這種咕

噁的呻吟不感興趣。但是白領不願意做「國王的新衣」中的孩子，儘管他們更接受通俗享樂的篇章，所有的感悟都是無比珍貴的。他們從自己的職業角度發表了各種觀點，卻不認為評價是單向的，因為很多事情都可以找到對話的平臺。

否則他們怎麼能感悟，他們只是一個職場的螺絲釘，一個枯燥職業的繼承者。正因為也曾經無數次爬過那座情感的小丘，走在通往快樂的路上，因此黃小邪是聰明的。她懂得接受時尚品味，儘管還有一點殘存的不明白，但總歸不「土氣」。如今懷舊風極盛，不知她是否懷念起了曾經聆聽搖滾的歲月，如今她大抵要沉浸在藍調中。因為搖滾還只是《無能的力量》，因為她也要適當地去做做秀什麼的，因為時尚有時候只是一種起鬨。而白領的時尚生活之間也是互相對話的，比如說喝葡萄酒，穿義大利時裝，戴瑞士手錶，才願意聆聽藍調。

有布魯斯情結的他們至少不會大吃大喝，胡亂地浪費自己的勞動所得，但在買單時會很爽快地瞟一眼帳單就簽單。海洋一般的音樂讓他們感到自由是自己生命的風，有風的白領盡情感受一切美好事物的養分，滋潤自己的生命。於是，他們就迷戀上了藍調，並感到在生活上能夠走多遠取決於自己。不可否認的是，他們的發展遇到了前所未有的阻力，有時候理念還沒有拓展開來。有時候還不得不觀望，但是山雨

欲來風滿樓，在藍調眼裡這太正常了。要不然，生命會有多麼乏味呢？挑戰是一種快樂，被挑戰更是一種快樂，只有經歷過艱難，才會領悟到一帆風順。他們就是在這樣的激勵之中，完成了休閒體驗，繼而迎接第二天的太陽。

從穿草鞋說開去

　　時尚一般都不會以人的意志為轉移，有一對情侶是我的朋友，女孩為了改變男孩的沒品味，經常精心去商場挑選衣物飾品，以便讓品味從提升，可是很多時候都無濟於事。比如說她買了一雙涼鞋給男孩，價格不費且品味不俗，可是天知道男孩為什麼非要套上一雙灰襪子。沒辦法，品味有時候讓你不得不承認是天生的，總是有些人要來襯托另一些人的品味的。更何況，時尚的更迭潮落潮起，經常是復古潮再度踏上舞臺。這樣，白領就遭遇了老祖母時代的質樸手工編織技術，重溫關於葦草的古老的記憶。

　　近年來，在城市的街頭總能看到賣手編草鞋的大姐，以便宜的價格去交易她們的勞動。那種草鞋其實只是一種拖鞋的式樣，卻能將白領的精神從極度緊張的工作和生活中解救出來，「鞋之無後跟者也。任意曳之，取其輕便也。」可見，這種草鞋無拘無束洋溢著極其休閒的情調，儘管最初的發明只是出於對死者的悼念，「春秋時介之推逃祿自隱，抱

樹而死,文公撫木哀嘆,遂以為屐。」但白領只知道熱天穿草鞋非常舒服,至於歷史往往並不在意,他們只在於目前的生活。

當然,他們記得安徒生童話中賣火柴的小女孩,腳上穿著拖鞋沿街叫賣火柴。好在這個悲慘的故事沒有造成他們對拖鞋的誤解,更何況,在佛教盛行的緬甸正式場合也穿著拖鞋。但是在白領眼裡,穿上草鞋與上班或上課等活動無關,只屬於悠閒輕鬆自由自在時。後來,白領遭遇了商場上的NIKE手工編織鞋,以黑、白兩色織條勾勒出古典又現代的創意結合。這絕對不影響他們的職場氣質,井然有序的格紋演繹一種律動的軌跡,據說製作過程甚為費時,一個工作天才能完成兩隻半,無法大量生產。

而物以稀為貴,該款樣式在東京、紐約、倫敦上市以來,引起了搶購熱潮。其售價甚至超出了商家想像的四倍多,以至於構成了收藏內容,白領樂此不疲。尤其可貴的是,這種草鞋無疑是對腳的解放,以擺脫普通鞋的壓迫限制。此外,白領覺得這種穿法其實也崇尚自然和環保,於是以皮、木、竹、麥稈等天然材料製作的鞋品開始大行其道。商業是一條永遠的河流,這種歷史文化和當代生活交匯的草鞋透射出的是白領的品味,展示著萬種風情的草鞋完成的是商業的過渡,代表的是未來的商業精神。

這就是商業的魅力，將在若干年後成為白領經典，涼爽、保健、安全、時髦的空調草鞋、沐浴草鞋、沙灘草鞋、保健草鞋、時裝草鞋、居室草鞋應運而生。營造出一道道自如優雅的休閒風景，以往關乎草鞋的誤解和偏見也不見蹤影，更重要的是，這種草鞋已開始「進軍」辦公大樓，「穿拖鞋上班族」使辦公室真正成了家的延伸。代替經年累月的生活痕跡的是比純粹的新樣式更有感覺的傳統與現代交融的多樣的視覺衝擊，因而草鞋不再是散漫作風的代名詞，大家自由自在輕輕鬆鬆多好。

這樣，在電梯裡遇到主管不必緊張了，因為穿草鞋的兩個人不必拘束。主管的話題一定是很休閒的，而白領也不必沉默不語，大家可以一起談談心情。這樣一來，與主管之間的距離盡量避免最大化，至於說心理負擔更是跑得越來越遠。

時尚的城市冬天

時尚的城市冬天總是讓我們感到擁擠，因為厚重的棉衣把人搞得膨脹，儘管這種擁擠往往是善意的。公車上，沒有烤火的地方，只有人挨著人才暖和。飄飄灑灑的是車窗外的雪花，白領大都知道，自己面前耀眼的顏色源於冬天對城市的光臨，而面對這一切，時尚的城市人憧憬的是不會遠的另一個季節。

　　不知為什麼，這個冬天，一首詞曲都非常不優美的歌在我們這座城市流行了。似乎某些情緒專門是為冬天準備的，這大概可以解釋白領為什麼會對一首歌產生深深的偏見，其實，有這個時間不如在意一下明天會不會降溫，開拴後的煤氣能不能提升品質，專賣店的服裝是不是已經大幅度降價。非常遺憾的是，這依然不能夠抵消我的偏見，因為每個人都必須對所在城市的尊嚴負責。

　　然後，白領接到了一個電話，是遠在天邊的幾年沒見面的少年時代的筆友。約自己在公司附近的某個很流行的茶樓喝茶，那裡醞釀著最適合時尚的城市冬天的心情，室內的設施似乎提供了治療煩躁的最好的方式。可是，門吱的一響後，一個陌生人誇張地說你怎麼又胖了。接著，兩個人開始了並不暢快的交談，白領實在弄不明白，時間和空間怎麼會使一個人發生這麼大的變化，那個少年時代的筆友坐在對面的位置上。興奮地說跟網友戀愛了，然後不遠萬里地來到這座時尚的城市感受冬天，這是一個很能展現時尚發展的話題。

　　這時的白領發覺，窗戶上畫得到處都是的英文字母跟樹枝上蹦跳的雪花幾乎構成同一個旋律，同樣散發著快樂。回家的路上，路過那個「太陽鳥」的雕塑，有關另一個時尚的城市冬天的憧憬逐漸地清晰了。半個小時之後，白領在網上

接到了朋友們精緻的祝福，他們提醒彼此記著給心靈放假。上天還是愛著白領的，這是白領此後得出來的結論，並為此歡欣鼓舞。

鎖定城裡的月光

不知道在村上春樹的小說裡的酒吧到底在日本的哪個角落，那種經過描述的老式唱片機和滯留在唱片封套上的灰塵著實令人著迷，這種半真實的地方似乎還讓人產生一種揮之不去的感覺。就如同徜徉在悠然的鄉間，讓心情真正放鬆，並享受有關夜的浪漫。窗外，精緻的星星在天空閃爍，彌漫在周圍的是城裡的月光，似乎把都市夜歸人的心都要照亮了。酒吧裡的歌手在隨著音樂翩翩起舞，她說自己來自遙遠的蘇格蘭，而白領的傾聽已經融入氛圍……

酒吧的民俗就是最新的時尚，飄散在空氣裡的都是曾經的往事。因此，白領在意的是沉浸在情緒裡的狀態，或者把這種情緒點燃的勇氣。在他們耳邊盤旋的是老歌，以及剛剛流行的搖滾樂，酒吧的確是流行音樂愛好者的一方樂土。立體的室內裝飾，閃爍的燈光音響效果，使得散坐在大廳四處的酒吧族把不如意與宣洩不完的精力全部揮灑出來。因此，酒吧不可能是玲瓏的、恬淡的，也無法遠離喧囂之外，它希望人們不斷地得到衝擊，並品嘗到快樂的味道。

來酒吧喝酒的白領打扮得整整齊齊文文靜靜，只喝不土不洋的攙著雪碧的紅酒，但是他們會專注地感受其中的夢想與熱情。尤其是其中的自由、夢想、憤怒、叛逆和愛的精神為白領增加了一抹理想主義色彩，這可以被理解為白領疲憊生活的補充，因而意義不凡。

在我所在的這座城市，很多酒吧似乎都能夠鎖定時光，把都市文化裝點成充滿人性的民謠。有的在自我的領地肆無忌憚的唱著搖滾，這種由強烈的欲望裹夾的音樂讓人傾聽自己在陣痛中成長的聲音；有的聚集了一大群藝術家，把一位中年女畫家精美的裝置畫掛在牆上，追求「形上之美」；有的把最民族的鳥籠、火炕、古董拼織成上個世紀的回憶。在這裡，與其說是喝酒，還不如說是喝氣氛。與往事乾杯的時候，外面已經難以尋覓著唱「酒干倘賣無」的可愛老頭。

對時光的碎片有很多種整合的方法，因為酒吧裡到處都是眼睛。這一雙雙眼睛跟時代脈搏息息相通，在城裡的月光的照耀下，閃亮著未來的色澤。

體驗詩意的綠色生活

據史料分析，人類文明至今已經有 5,000 多年的歷史了，這段時間裡人類主要是跟大自然搏鬥。從而維持自身的繁衍，後來，由於人類超然的智慧，生產資料已經不再成問

題了，這時候也就發明了很多種娛樂活動。娛樂在衣食無憂的時代逐漸成為人類最心儀的事情，游泳池、健身房、保齡球館裡總是熱鬧甚至是沸騰的。按照英國人的說法，長此以往，很多人都會成為貴族，但是，事實並沒有那麼樂觀。

一個最重要的原因就是，低級趣味的市場在擴大，總是一些人在自身娛樂的同時希望看到別人的不快樂，從而去達到自身雙重的快樂。於是，跟品味娛樂對比著產生了很多不倫不類的運動，比如說相撲，比如說拳擊，比如說鬥牛……相撲的意義難以說得清，兩個胖得誇張的男人或女人赤條條地摟抱在一起，喘著粗氣，不停地叫囂著……於是，人們的叫好聲此起彼伏。當然，個別民族有自己的審美愉悅，礙不著別人的事，對於同樣不礙事的鬥牛卻不得不說幾句，因為，後者以死亡的方式結束。

通常的情景是這樣的：鬥牛士拿塊紅布靈活而神氣地躲來躲去，一頭相貌忠厚身強體壯的公牛被驅趕到場地中央。跟鬥牛士較量幾個回合後，明顯地有些疲憊了。繼而是鮮血淋淋，這時人們心態微妙的讓無不話可說，大家還在設法進一步激怒牠，但是，可愛的公牛並不願意以人類為敵，可以證明這一點的市，牠沒有用唯一的武器——鋒利的牛角和鬥牛士決鬥，而是用迷惑不解的眼神望著前面因觀眾的鼓噪而失去理智的鬥牛士，似乎想要理論什麼。似乎又可能在以這

種方式告別世間，牠也許知道，自己勝利了也難以逃脫死亡的命運。幾分鐘過後，鬥牛士終於一劍刺中了牛背，等待一個軀體一聲不響地頹然倒地……

這樣的場面經常讓我流眼淚。因為實在不知道人們到底從一頭牛的死亡中感到了怎樣的快意。我感到了低級趣味，這個結局說明人類企圖在弱者善者身上找到勝利的感受，可是，事情往往與願望有很大距離。人類群體參與繼而得到這個結局最終所能證明的只是人類潛存的欺軟怕硬的劣根性。在很久以前人類的祖先可能正是透過這種方式來獲取獵物的，但是，白領總覺得時易事易，新世紀是充滿希望的，世界上所有動物和人類的生命同樣寶貴，都應該得到人類的尊重。

這樣，白領逐漸領悟到，保護環境就是保護自己。因此他們不再僅僅關心自己在長期在空調環境下工作而造成的眼球水分蒸發過快，眼睛缺氧淚腺分泌減少沖洗異物能力減弱而導致的乾眼症，而是更加關心沙塵暴、缺水、空氣汙染等。當他們觀看鬥牛的時候，一定會思考這樣的問題：如果為了人類的生存和生態的平衡，必要的時候不得不要宰殺一些家畜，那的確無可厚非。可是，要隨便掠奪其他物種的生命和自由就有些殘忍了，特別是以此為樂，那簡直就是某種發自內心的疾病使然，否則，人類實在難以提升自己。

文明的現代人為什麼要把自己的歡樂建築在動物的痛苦之上？擁有愛心的白領在發問的時候很難過。

第十二章
成功：在激勵中奔跑

創造職場牛市

　　有兩件事情可以讓白領感到自己進入了職場牛市，那就是加薪以及跳槽，因為主動權掌握在自己手裡。置身職場時的白領要考慮處事方法，比如說該和老闆要求加薪了，但是不能徑直走進老闆的辦公室跟他說我要加薪。白領應該拐彎抹角地說明自己的能力和價值，比如說銷售業績、關鍵的客戶的爭取、對方對自己的佩服等，提出加薪的時間也很費思量。如果老闆很忙，事情就不太容易成功，合適的時機一般是業績成長，老闆非常輕鬆的時候。可是要加多少呢？其實，這也是充分了解自己的契機，以了解自己在行業中所處的位置和水準。

　　當然，所有的調查也只是參考，更何況，很多時候都要受到來自方式、地域和行業等的限制。如果白領身處熱門專業，職員緊張行情又看好，就可以適當加大幅度，否則就不能莽撞。此外，很多時候還可以透過獎金、休假、交通費等方式來完成，不必拘泥於薪資條上的數字。一旦加薪的要求被拒絕，白領也不要悶悶不樂地失望，因為還可以考慮跳槽或兼差。而且將這種跳槽調動到主動的層面，即面對著更好的工作條件待遇環境以及發展機會，找到更高的挑戰與報酬。也只有這樣，才能讓白領跳得更高，才能走進職場的牛市。白領有跳槽意識說明自己開始關心職業發展了，儘管這

只是成功第一步，卻逐漸接近職業生涯的成功。

在跳槽之前，白領應該回答關乎這次活動的意義的問題，以便使得發展透明化。比如說為什麼不滿意現在的工作？嘗試做自我調整了嗎？跳槽會使你失去什麼又能得到什麼？能適應新的環境建立新的人際氛圍嗎？背景和能力能適應嗎？自己有沒有職業目標？有沒有為此徵求過職業顧問？如果回答都令人滿意，不妨在深入地就幾個層面加以思考，讓操作更加規範。比如說有從頭做起的準備嗎？有價值的職業發展依據在哪裡？跳槽的職業含金量能有多大？一旦決定跳槽，就要大膽地付諸實施，不要好高騖遠也不要自信不足。應該知己知彼，明確自己受到違約金等條款影響的程度，準備一份職業化的履歷。

不要盲目拒絕獵頭公司，千萬要在拿到「Offer Letter」後再遞交辭呈，不要在背後侮辱原來的公司。更不要在臨走的時候去揩油，而無論是要求薪資還是決定跳槽，都應該保持必要的知識補給。至少要有時間進修，MBA 每人學費數萬元，但聽課品質還是很高的，與國外教育每年百萬元的收費比起來，這還不能算貴。更何況，這能夠提升工作經歷以及合作精神，並增強實戰經驗。加之目前通曉管理的人才實在緊缺，「天將降大任於斯人也」，進修的白領一定會找到牛市的感覺。

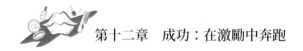

眾所周知的是，有效的管理是一種無形資產，能夠帶來豐厚的回報。白領應該從個人職業化的發展開始，營造職業階梯狀上升的可能，掌握必備的基礎理念以及管理技巧。比如說時間管理、溝通技巧、客戶服務、組織團隊等，此外，還要考慮提升管理才能、領導力、激勵水準、績效管理等。至於說專案、目標、非財務等管理以及實戰寶典、企業發展策略都是非常重要的，如果一切都如意，職場的牛市自然能夠擁抱身為強者的你。

為城市提供傾聽的理由

白領對於當今時代意義特殊，任何人都是在對事物加以了解之後，才採取相對的行動。而很多都市人都可能覺得自己擁有的知識無用，目前所操作的事情沒有意義，抑或是成功與自己擦肩而過。長此以往，就會感到人生道路一片茫然，找不到發展的便捷路徑。如果你還想成為贏家，就要及時樹立白領意識，繼而累積自己時尚的成功資本。奇怪的是，一旦具備了白領意識，以往的巨大挑戰竟轉化為難得的機遇。比如說市場疲軟、知識更新、機制變遷……與此同時，新的市場調查全面開始，適應資訊時代的培訓教程全面啟動，自由白領的認證系統已經落實，更加合理的工作平臺逐步打造。

　　一般來說，白領的成功大都取決於身體狀況和精神意志，以及投入的努力。這種定位的意義還在於，一旦完成對時尚白領生活的解讀，人們就開始成為強者。社會要求白領準備良好裝備，設置最理想的條件，並時刻整裝待發，內心要充溢「向上」的呼聲。毫無疑問，這將徹底改變習慣甚至理念，客觀地說，白領也會感覺到生命不能承受之重，稚嫩的肩頭也需要放鬆，這樣的重擔也許應該有更多的階層來承擔。但是，時代選擇了白領，面對歷史賦予的機遇，白領必須迎頭而上。這樣，事情似乎多得做不完，時間越來越不夠用，但是，不久，你就發現產品有了市場，代理有了希望，資金有了管道，昨天視野裡的堅冰今天就為之解凍。

　　當然，在人類進步的階梯上，白領並不是最高級。但是，如果忽略了這一級，就很難向更高目標跨越。藍領周圍的人實際上還憑藉著傳統理念生活，而白領的選擇就是超越傳統，不管環境如何艱難，其初衷和希望都不會有絲毫改變。並為此在黎明前工作，用以得到比別人更多或更優質的時間，同樣，成功的白領往往在對手之前對市場進行徹底的了解，以贏取更廣闊的前景。他們一般都精通統籌的方法，這種有規律的生活方式使得白領在最繁忙的工作生活中穿透迷霧，奠定自己在職場上不可動搖的矚目地位。

　　當然，白領也有自身的煩惱，諸如經常被難以預料的突

發事件打斷。可是他們很冷靜，因為這是擺脫措手不及狀態的最重要方式，這樣，他們就在忙亂之後，為自己調一杯咖啡，靜靜地調整規劃，依靠一種「有制度」的資源支撐自己，增強自我組織能力。此外，還要進一步精確自己的規劃，估計辦每件事情的時間步驟，從而更大程度地提升生活的品質。白領就是在這種不斷超越的狀態中擺脫自身的疲憊，使事業更上一層樓，從而找到成就感。因此，人們應該更多的對其加以關心，白領的聲音需要整個城市在喧囂之後傾聽……

尤其是當今社會，職業成為最重要的社會地位，白領在社會結構中的重要性與日俱增。城市對白領聲音的傾聽應該從路標的意義上著手，白領有時候也會考慮創業夢何時圓，其實成功只是改變境狀的一種方法，而不是人生的終極目標。或者說白領更注重自身發展，無論在不同國家和不同城市，即使是在同一城市的不同方位都會產生「白領文化」，他們的聲音非常動聽，因為其中包容著太多的努力、艱辛和跋涉。

白領之「白」

法國失業者紀念館推出的「無工作狀態」耐人尋味：工作的人找不到事做，是會比哈姆雷特悲慘得多的。據說當地有個叫尚‧奧辛斯基的人，在家裡保持木然不動的面容：「社會沒有替奧辛斯基做任何事，奧辛斯基於是不做任何事。」

白領擔憂自己成為奧辛斯基，他們不願意百無聊賴，遭受失業之苦。儘管那也是都市生活的產物，可卻是遭受現代經濟繁榮排斥的人，被迫不工作而變得脆弱。毫無疑問，她們的權利和尊嚴受到傷害，滑入社會的邊緣。殊不知，在激烈的市場競爭中，唯一保護自己的辦法就是進取。

　　據說參觀這家紀念館，腳步要輕輕的：「不要干擾奧辛斯基的不工作。」這就是不折不扣的黑色幽默，而白領每天穿梭於職場，也是「白」得心驚膽跳。剛開始只能做前期鋪墊工作，既沒有可靠的人際往來，也沒有值得借鑑的成功經驗。往往要從公車中擠進擠出，費盡口舌地與有待開發的客戶周旋，時間長了，就要考慮自己的發展的途徑。是出國，還是創業，抑或做跳來跳去找機會的飛人？當然，絕大多數人只能替別人打工，儘管政府大力鼓勵，但事情總有一個過程，更何況，白領擔憂創業之後身分變了，遊戲規則也變了，實力能得到客戶認可嗎？

　　從這個意義上講，白領之「白」的展望是很明媚的，這關乎其在整個城市中的規模意義。領子白心也要白，如果說心境是灰的黑的，就容易走進各式各樣的盲點。再者說，收入水準是白領，精神世界並不是白領，也是一種尷尬的風景，令人難以接受。因此，白領在當今城市的規模還有待增大，這就如同洋涇濱只是黃浦江一條支流，與國際接軌應該

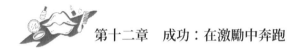

多元，生硬簡單的 Yes 或 No 恐怕還不夠。而且，隨著腦體倒掛逐漸成為過去時，白領的高收入應該對應到高學歷上。因為知識在經濟中的含量越來越大，受教育程度已成為白領收入最重要的預測器，這已經作為最重要的生產要素成為劃分不同社會群體的指標。

　　白領要適應社會發展，就得不斷地開拓領區，能否碰到事業的天花板，都值得她們猶豫觀望。而加快資訊化的建設，是白領面臨的歷史機遇，她們注定會樂此不疲。快節奏紛繁變化的今天，傳統追求已經不再是白領的理想選擇，正是源於當前所面對的幾乎無法破解的發展困惑，白領要做出一流的設計、一流的速度、一流的效果。他們也許命中注定是和困難耗上了，卻願意對各種困難說「不」，打最硬的仗是他們始終追求的目標。白領要形成自己明確的文化的理念，開發最乾淨蘊涵高科技含量的視點，從而贏得頗為樂觀的發展前景。

　　這樣，白領找到了非常理想的樣板，在數位網路化知識經濟發展的時代，她們要不停地迎接挑戰，並且要不斷地發展下去，乘風破浪發出有著自己氣派的聲音！這源於白領超越自我的奮鬥，因為她們很渴望掌聲與歡呼，白領就是要「白」得徹底。更何況，她們的發展被寄予厚望，於是，他們只能更快更高更強。當成功冉冉升起的時候，流出激動的淚

水，她們不會固執於自己的狹隘。於是當再次面對別人的發問，她們「白」嗎「白」在哪裡呢？她們會變得非常坦然。

為夢找一個歸宿

記得一個搖滾歌手曾經追問，是要個女朋友還是養一條狗，其實按她的能力，是無法養活一條狗的，如果有個賢妻良母照料，還可能維持日常生活，因為，在最粗鄙的意義上講，女朋友比狗重要。當然，白領並不是搖滾歌手，她們不關心至多也只是分析一下兩者的對比。竟無意間得出有趣味的答案：當然，前提是狗是一種可愛的動物，男人追求女人時是獵犬；戀愛時是哈巴狗；結婚後是狼狗。因為婚後的男人在事業上應該瞄準巔峰，男人應該將婚姻當作接受新教育的開始，從而促進人格的成長。如果變成寵物狗，就沒有發展的指望了，溫柔、謙恭、幽默應貫穿人生始終。因此這種雍容大度只有在寬容是才有意義，狼狗天然就有強悍、勇敢、性感的寓意，可以被當作新好男人的標準。

成功人士們使得女孩領悟：沒有事業就沒有一切，即使目前沒錢也應該有追求。即使還不是什麼，也要有做什麼的準備，務實的中庸風在白領的愛情市場刮起。男人似乎不必執著地「不該讓女人流淚」，因為女人的標準已經變化了，她們都拒絕沒有前途的泡沫。男人要為夢找一個歸宿，就得有

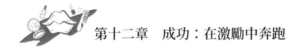

既安定又有發展的空間，否則很難在女孩的面前抬頭。好在如今可以分期付款以便買房買車，這樣的男人如今都能找到又乖又懂得愛的老婆。他們能幹機智且有學識修養，是最值得看好的。

白領的「家」是自己的中央處理器，這樣生活才沒有句號，因為他們的頭腦被滲透了一種風格。他們要麼是複雜的自己簡單的要求，要麼是簡單的自己複雜的要求，而且都渴望浪漫的花結出現實的果。白領都是愛自由自在地飄蕩著的雲，他們生活在風中，自有一番動人的自信與抱負。白領應該為了愛奔波，捨得捨得，不捨怎麼能得呢？即使品嘗曼陀羅的花也比寂寞快樂。他們無疑都是聰明的，就如和她們不會過網路虛擬婚禮，那充其量就是柏拉圖式浪漫，省略了朝暮廝守的瑣碎。正因為他們清楚地明白現實有缺憾和無奈，才會在精神世界漫遊，但這與歸宿無關。

白領在夢的歸宿中應該平和，因為平凡的愛情就如同涓涓的溪流，永遠流淌在生命的草原上。白領一旦找到了歸宿，就應該有一種廝守意識，熱情遲早會燃成灰燼，只有平和才能夠讓愛情永恆。年輕時渴望燃燒自己，但在漫長生命中真正滋潤白領的還是原上青草綠了一春又一春，否則就只能「不談愛情」。白領恐懼無愛的婚姻，他們要做高尚的擺脫低級趣味的人，畢竟繞不開愛情。一個城市的文明程度要

看馬路和廁所，而白領的文明程度要看愛情品味，因為沒有夢的歸宿的白領是可憐的。

尤其是「修養」非常重要，愛情是白領品德的衣冠，道貌岸然雍容華貴卻持有粗俗的愛情觀，似乎就什麼魅力可言。在這個世界上，很多偉人的愛情都源於兩個人知道使大地萬物茁壯成長的是溫柔風細綿雨，暴風雨只能摧殘一切。在生活的層面上講，靈活優雅就是懂得恰如其分，這是檢驗愛情成熟與否的重要指標。白領對於愛人的體諒，被看作是公認的美德，事實上也的確如此。一旦生命賦予他機會，他就願意「執子之手，與子攜老」，鸞鳳和鳴百年好合永結同心。

真誠是白領的最大智慧

白領的魅力會因為真誠而增值，儘管美好有時候總讓人覺得正如同珍稀動物般銷聲匿跡，但是在修養禮貌上提升自己會明顯受益。白領可能認為，如今人們常常把禮貌和虛偽混為一談，如果這個等式能夠成立，那麼人們對虛偽有更多的話要說：真正的禮貌絕不是出自虛偽，而是出自於一種「體驗」。是能夠設身處地地為別人著想，是對他人的崇高敬意，白領應該對周圍事物保持敏感。從任何層面上講，真誠都是魅力的泉源，由內心發出的敬佩才有意義。這個問題的提出主要是由於恭維的存在，恭維若不能別出心裁，一定不能夠

打動對方。而且，肯定弄巧成拙，讓人感到你的不真誠。

其實，完全可以找到工作以外的事情去恭維，一定會博得他的好感。殊不知，言不由衷很容易出毛病，不能見到女人就讚美其漂亮。如果她明知自己不漂亮，不妨讚美她活潑或聰明幽默，否則會令人反感。切記成功離不開真誠，不切實際的恭維很令人討厭，如果不注意讓人感到不真誠，實在是一件糟糕的事。因為人們對虛偽唯恐避之不及，不知對方的素養程度而胡亂地說話，會給人難以抹去的厭惡，將來的來往就可能舉步維艱。特別是要避開有關隱私問題，否則哪裡是真誠，簡直是討人煩。此外，真誠得是否恰當，要看當時的氣氛。在「代溝」流行的日子裡，真誠不是表面，而是使人心悅誠服的精彩對白。

越是簡單的事情往往做起來就越難，真誠有時候簡直是一種奢望，因為誤會總是在圍繞著白領。各式各樣的不真誠不必解釋，無論是出於惡意還是出於善意，這是一個純粹私人化的問題。而且，真誠是隨著年齡的增長而逐漸增多的，長大了才有會了解自己是誰的機會。以往可能是為了工作、家庭、別人的期望……總之有很多的「不得不」，強迫自己扮演非自願的角色。如今只有真誠無價，過了 30 歲成家立業不再積極聯絡安排與陌生人會面，這時候的事業實考評是的真誠而維持的不錯的基礎。否則還跟年輕人搶市場，是一定會

落伍的，因為年齡會遭遇尷尬。

有時候，白領也問自己，是什麼造成自己不真誠或者是不夠真誠？自己是不是有什麼問題？是不是比完美缺點什麼？是不是從沒遭遇熱情？總之，自己的不真誠沒帶來絲毫快樂，他們渴望真誠的回歸。這樣，事情就很值得玩味了，因為生活好像畫了個圈。這裡的信譽經濟是離不開真誠的，否則要浪費巨大的社會成本。這種感覺讓新白領感到快意，因為傳統白領從進入職場以來所累積的經驗突然瓦解了，因為其中有很多與真誠無關。而他們接受真誠很天然，就如同喝杯可樂，原本就不複雜。

傳統白領或者強硬地維持原來的「老成」，或者融入新白領的思考中來，可是這兩種情況都背離她們的習慣。如果有老頑童一類的人，是不難接受新規則的，可是他們很早以前就視老頑童為異端。如今最有效的辦法就是進修，讓另一種學識架構更新自己。於是，白領感到了生命的平衡，於成功極有價值的真誠其實又給人生帶來多少快樂呢？

從智商走向 EQ

令人感到奇怪的是，幾乎所有益智節目企劃者都一再聲明他們在做娛樂，因為諸如「希特勒臨死前與誰結婚」、「何為『三姑六婆』」等問題能否稱之為智慧，確實也需要論證，

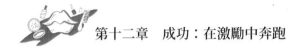

而千奇百怪的問題似乎都挾裹著病毒，傷害著白領一類觀眾的智力的記憶體。

白領這時候感到 EQ 的重要，因為她發現很多人有破壞欲，好不容易打造了一檔精緻的節目，可是偏偏覺得破壞起來挺好，這與白領務實的進取意識相悖，他們覺得有 EQ 的人才能將智商發揮完善，就已經成為重要的職場競賽的法則。更何況，在益智節目中勝出的人寥若星辰，與其說他們是在場上做判斷，不如說是在揣測主持人大有深意的微妙眼色，甚至把成功寄託在自己的運氣上。白領有時候會看益智節目，可能還會發問：益智節目是生存技巧的比拚，還是人性醜陋的曝光！因為這考驗參與者的社交能力、生存智慧和判斷力，主持人在鐵灰色的包圍中，給人一種冷冷的感覺，甚至簡直就等於是恐懼。

這種以勾心鬥角為主要手段，以淘汰弱者為主要目的，以絞盡腦汁對付他人為主要形式的益智節目確實難以給人溫暖的感覺。在得失的瞬間裡，誰知道有多少人格成本在逐漸流失，當然，在知識經濟時代，益智節目也給白領帶來了很多思考。只是在健康、財富和知識逐漸成為人們的正當追求的今天，從益智節目中脫穎而出的「智者」到底有多少含金量，還要在其是否陽光的角度加以衡量。否則，單純以「改變一生的財富」做誘餌引來參與著的爭奪，必然走向媒體高尚

追求的反面,其實,渴望放鬆的白領歡迎媒體賦予他們的溫暖,在鐵灰色和陽光燦爛的背景之間,他們有理由拒絕恐懼。

更重要的在於,EQ 能夠讓人了解道德的價值,能讓他們在知識的天平上對話。真正優秀的藝術家都憧憬真善美、講求道德、呼喚正義,文化素養的提升更是漫長的河流,通常是無意識地日積月累帶來的潛移默化。這種 EQ 看起來意義不太大,但卻在證明著未來的發展潛力到底有多大,因為社會也樂於接受高素養的大眾人物。多元時代讓每個白領更好地表現自己,重回經典已經成為 EQ 選擇的必然,因為沒有人會不斷地在淺顯中無休止地陶醉。只有給自己設立全新的起點,並不斷超越,白領才能進入自由王國。

輝映頭頂上燦爛的星空

對於一些人來說,遭到狗仔隊的曝光簡直如同吃蒼蠅,大眾傳媒只有引導受眾向上,才能實現自身的社會價值,這是無法忽略的輿論本質,簡直要把我們的生活變成垃圾場。從另一個角度看問題,某些明星對媒體的態度由抵制轉移到依賴,對每次「曝光」大都很配合。甚至經常為自己的曝光指數低而感到各種不舒服,欲望逐漸膨脹,甚至逾越道德底線,繼而穿梭在某些有錢人的目光和因金錢而產生交換的載體裡,其實,正是這兩種人使得人們平靜的生活變得不太可

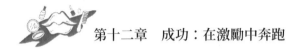

能。按照傳統的說法，明星之所以受人注目在於你是人類靈魂的工程師；記者之所以是「無冕之王」在於你在說實話。

一旦偏離各自的軌道，本身的光環就不復存在。而且，原有的光彩亦將黯然失色。文化素養不高的觀眾和某些異化的新新人類，對媒體傳播的明星故事所持的心態不能不讓人產生深深的憂慮。從自身素養出發，白領應該為自己的聲音負道德責任，記者要為每一個字負責，明星要為每一個鏡頭負責，受眾也應該為自己的評論負責，這歸根結柢是對自我的負責，這是一條通往高尚的道路，離醜聞一類的事情遠點是必要的。

更何況，白領還因為問題偶像而感到不舒服，她們的出現很令人質疑：打架、逃漏稅，甚至吸毒，據說這也是明星文化一個組成部分，卻很可能對「愛屋及烏」的白領構成傷害。實際上，偶像的錘鍊注定是全方位的過程，沒有忍耐力、意志力、心理控制力，不可能走得長遠。這樣，白領就不難理解，為什麼自己沉浸於此，以往曾經征服過的高峰在如今卻難以超越這個海拔。因此，成熟的白領對待偶像都保持一種理智，並為其設置「問題底線」，不能觸犯法律違背社會公認的道德標準。

在全球化的時代，任何人的走紅都是一個產業運作的過程，這涉及媒體的動機與社會責任的問題。媒體在自己的商

業利益和社會責任中，必須做出一種平衡，當然，大眾應該寬容和諒解，媒體需要冷靜和客觀，白領還要有時間的緩衝，偶像不能讓人覺得味同嚼蠟。因為他們在超值地燃燒自己有限的能量，透過廣告的頻頻閃回，撈取商品社會裡的流通媒介，在「透支」星光的同時，藝路已經逐漸地暗淡了下去。白領這時候想起了一生居住在格林斯堡的康德老人碩果的一句話：世界上只有兩件事情能讓我們的心靈產生深深地震撼，一個是我們頭頂上燦爛的星空；另一個就是我們心中崇高的道德法則。

到彼岸追問及白領出走

　　據統計，出國就業的人次成長很驚人。原因是多元的，或者是掩藏曾經受傷的心靈；或者是要延伸跳不完的舞臺，取代「藍領」成為出國主流；或者是尋找接受教育的契機，接觸國際尖端科技發展脈搏……總之，白領開始到彼岸追問，從事高科技研究或企業管理，在開闊自己眼界的同時，為生涯畫上濃重的一筆。而白領要創造良好的機遇，不斷提升自己的能量，成為富有國際競爭力的人才。出走的白領終究是要回國的，國外只是發展的一步，更何況，遠方是機會抑或是陷阱，也只能抱著目標隨緣。

　　％品味的友誼無疑是很美麗的，青春的我們時刻都經歷

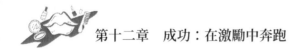

著播種和耕耘，友誼的翅膀真正風光無限在品味中間，並且幸福著順風飛揚。我的好友薇曾經做過一段時間白領，接著去了英國，臨走時她說記得我說過一句話：只要堅持就意味著成功。我實在記不得自己曾說過這樣的話，因為當年一起去念書時，我就沒有堅持，那時候覺得出國並不適合自己，攻讀只是在哪裡都一樣，書籍真正是浩如煙海，這種觀點堅持到如今。身為白領的她去國外學習市場行銷理論，似乎還是有意義的，吃油條還是吃麵包只是一個適不適合的問題。

　　白領的出走少了精神上的浮躁，因為在海外總要承受文化差異帶來的種種不適，這就如同白領要做個國際人，而國際人要有自己的文化歸屬。即使領略了「莫比烏斯帶」，也要找到精神的回歸，否則就會忘記自己的領子到底有多白。因此，我們尊重選擇，也要透視選擇。

官網

國家圖書館出版品預行編目資料

活得精緻，再來談自我價值！睡眠少於 8 小時、身體長期「亞健康」、長期伏案併發症……要把生活過得好，不要只是「生存」就好！ / 胡彧 編著 .-- 第一版 .-- 臺北市：崧燁文化事業有限公司 , 2023.05
面；　公分
POD 版
ISBN 978-626-357-352-9(平裝)
1.CST: 職業婦女 2.CST: 自我實現 3.CST: 生活指導
177.2　　112006466

活得精緻，再來談自我價值！睡眠少於 8 小時、身體長期「亞健康」、長期伏案併發症……要把生活過得好，不要只是「生存」就好！

臉書

編　　著：胡彧

發 行 人：黃振庭

出 版 者：崧燁文化事業有限公司

發 行 者：崧燁文化事業有限公司

E-mail：sonbookservice@gmail.com

粉 絲 頁：https://www.facebook.com/sonbookss/

網　　址：https://sonbook.net/

地　　址：台北市中正區重慶南路一段六十一號八樓 815 室

Rm. 815, 8F., No.61, Sec. 1, Chongqing S. Rd., Zhongzheng Dist., Taipei City 100, Taiwan

電　　話：(02)2370-3310　　傳　　真：(02) 2388-1990

印　　刷：京峯彩色印刷有限公司（京峰數位）

律師顧問：廣華律師事務所 張珮琦律師

定　　價：375 元

發行日期：2023 年 05 月第一版

◎本書以 POD 印製